スミスの本棚

——私の人生を変えたこの一冊——

Smith's Bookshelf

テレビ東京報道局
ワールドビジネスサテライト
編著

日経BP社

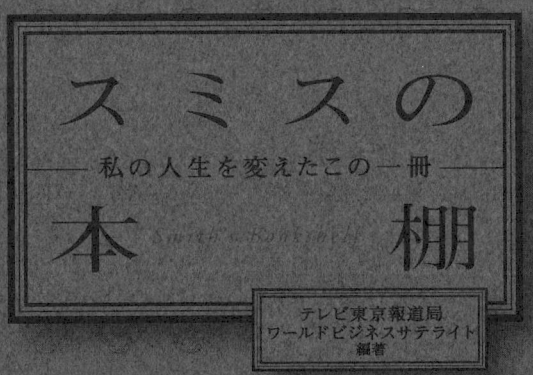

スミスは、「経済学の父」と呼ばれるアダム・スミスの〝スミス〟。
スミスは、英語圏で一番多い名字。日本で言えば佐藤さん。

偉大なあの人は、どんな本を読んでいるのか？
隣のあの人は、どんな本を読んでいるのか？

この本を手に取ってくださったみなさまへ

こんにちは。テレビ東京アナウンサーの森本智子です。表紙をめくっていただき本当にありがとうございます！　このまま少しお付き合いいただけるとうれしいです。

報道番組「ワールドビジネスサテライト」のコーナーのひとつである「スミスの本棚」は、「毎日戦っているビジネスマンが読書の参考にしてくれるようなコーナーがあったらいいね」ということで、２０１０年４月にスタートしました（現在、隔週水曜日に放送）。

このコーナーでは、毎回ゲストの方に、視聴者のみなさんにお薦めしたい最高の一冊を紹介していただきます。そして「笑っていいとも」方式で、お友達（次のゲスト）を紹介してもらうのですが、当初はその無謀な試みに「３カ月もつか？」と囁かれていたとかいないとか。急な取材依頼でスケジュールの調整ができなかったりして、何度も危機に直面しましたが、何とかここまで友達の輪は広がり続けています。

ただひとつ、ずっとモヤモヤしていたことがあります。それは、聞きたいことが多すぎて、

5分のコーナーに対してインタビューが1時間以上に及んでしまうため、放送では多くの部分を削らなければならないこと。映像の編集作業では、ディレクターと議論することも。「この部分のほうがいいのでは？」「じゃあ、ここを削るしかなくなるよ」こんな地味なバトルが繰り広げられていたのです。凝縮させても、5分に収めるには本当にもったいない、貴重なお話の数々。

今回、書籍化のお話をいただいたときは「神様……（涙）」と救われた気持ちでした。放送ではご紹介できなかった興味深い話も盛り込んでいこうと、これまでのインタビュー原稿をすべて読み返しました。まず、その豪華な顔ぶれに改めて驚くとともに、みなさんの人生の物語を共有させていただけたことのありがたさに、胸がいっぱいになりました。

インタビューに臨むとき、いつも心の中で繰り返していたのは「相手の懐に飛び込んでみよう」ということ。間が持たないかな……質問の順番はどうしよう……といった不安は、カメラが回り始めると同時に排除し、全身全霊で対峙してみようと。人生の大先輩を相手に気の利いた質問なんてできっこないのだから、その場ですべてを吸収し、たくさんのことを学ぼう！という半分開き直りの精神です。

ただその一方で、紹介していただく本はもちろん、ゲストご自身の著書なども下準備として読むため、徹夜明けでインタビューに臨むことも多々あり、インタビュー後の森本は抜け殻のようだと言われていました。（特に北野武さんの回では、2〜3日徹夜でひたすら著書を読み込み、フラフラだったような……）

ゲストが紹介してくださった本には、その方の個性が色濃く出ています。興味を持った本があれば、ぜひ読んでみてください。改めて「本の力」を感じていただけるはずです。そしてこの本では、テーマごとに7つの章に分けています。毎日の生活の中でふと立ち止まってしまったとき、そっと背中を押してくれる、そんな言葉がきっと見つかるはずです。

トップに上りつめた方々が手にする、ボロボロの姿の本たち。それは、試練のときや、迷ったときに、孤独を分かち合ってきた証です。ひとりの人生をも変えてしまう本、進むべき道を指南してくれる本、心から癒される本。一生のうちにそんな一冊に出会えるなんて、すてきな奇跡ですよね。

ちなみに、この『スミスの本棚』というタイトルは、経済学者のアダム・スミスと、もうひとつ、英語圏で最もなじみ深い名字（日本でいう佐藤さんのような）から付けられました。「お隣のあなたの本棚に、ぜひこの一冊を」という思いも込められています。私の本棚にも、紹介していただいた本がズラリと並んでいます。仕事で苦しくなったとき、恋愛で落ち込んだとき、生きるのに迷ったとき……解決のヒントはこれらの本が与えてくれました。本の良さなんて、一言で語ることはできません。でも、いつも私のそばにいて、寄り添って対話してくれるのが本です。もともと読書が好きではなかった私を変えてくれたのも、本との出会いでした。
きっと、今これを読んでくださっているみなさんの心にもグッとくる一冊が見つかるはずです。そのときは、ぜひ本棚に並べてあげてくださいね。では最後に、私のグッときた本から、いつも胸にしまっている一節をご紹介させていただきます。『空海　人生の言葉』（本書236ページ掲載）の中から。

「あなたの心が暗闇であれば、巡り合うものはすべて禍いとなります。
あなたの心が太陽であれば、出会うものはすべて宝となります。」

みなさんの心が、光で満たされますように。

スミスの本棚　私の人生を変えたこの一冊　目次

第1章

困難に挑む人へ

幻冬舎社長

見城徹

僕はこの本を読むと、
真っ暗闇の中に
突っ込んでいける

『吉本隆明　定本詩集』

――42歳のとき、６人で幻冬舎を立ち上げた。リスクを背負って新しい道に挑んだわけですが、何がご自身を奮い立たせたのでしょうか。

不可能だと言われました。17年前ですけれども、この業界は新しい出版社が育ちにくい流通の構造になっていました。でも僕は、子供のころから、不可能なことを可能にすることに喜びを感じるというか、難しいものを自ら選んでやらないと意味がないと思っていた。

「スムーズに進んだ仕事は疑え」といつも部下に言っているんですよ。スムーズに進んだ仕事は、ほかの人でもきっとできる。とにかく難しいこと、不可能だと思われること、どこから手を付けていいか分からないようなことをやらなきゃダメだと。

だから僕は、毎朝目が覚めて、今日は何があるかなと手帳を確認して、憂鬱なことが３つぐらいないと、安心できないんです。苦しくないことをいくらやったって、結果なんか出ないですよ。

不可能を可能にするために最も必要なのは、圧倒的な努力です。圧倒的な努力をしていれば、たまに「運」がつかめる。努力と運が重なったときに、とんでもないミリオンセラーが生まれる。

――どうしたら売れる商品が作れるのかと悩んでいる方も多い。どうやってヒット作品を世に

送り出すのですか?

編集者はやっぱり、書いてくれる人の心の奥から、その人が一番知られたくないこと、言いたくないことを引き出さなければならない。

本というのは、人の精神が原料なんですよ。目に見えない人の精神を原料にして、売り上げが何億円というものを作る。もし編集者がいい加減だったら、向こうもいい加減なものしか書かない。こちらが表面的だったら作品も表面的だし、小手先だったら小手先なものしか出してこないし、帳尻あわせで付き合っていたら、帳尻あわせのものしか出してこない。こちらの思いや生き方が跳ね返ってくる。だから、まぁつらいけど醍醐味があるんですよ。

会社を始めたとき、石原慎太郎さんが僕らの雑居ビルにやってきて、「俺がまだお前にとって役に立つことがあるんだったら何でもやるぞ」って言ってくれた。そこで、「では裕次郎さんについて書いてください」とお願いした。今まで私小説を1回も書いたことがない石原さんが、しかも血のつながりが一番濃い実の兄である石原さんが、国民的大スターである弟の裕次郎さんについて書くんだから、ヒットするに決まっている。そうしたら、「分かったよ、やる」と……。いろんな人に頼まれたけど、お前のところでやると言ってくれた。

僕はどの表現者に対しても3つぐらいのカードを持っています。石原さんに対して、そのとき1枚のカードを切ったんです。僕と石原さんの間には、それまで20年来の関係があった。ある意味、僕は石原さんに『弟』を書いてほしいと言うタイミングを、20年間ずっと伺っていたわけです。食事をしながら、ゴルフをしながら、カードを切ろうと思ったこともありますよ。だけど今はそのタイミングじゃないと、その都度思い止まっていた。

郷ひろみさんとは、『ダディ』を出すまでに、10年の付き合いがあった。ある日、ゴルフをやりながら、「離婚しなくちゃいけないかもしれない」って、ポツリと彼が漏らした。そのとき、来たと思ってすぐに提案した。記者会見の代わりに本を出そうと。しかも本が出るまで、仲のいい夫婦を演じてくれと。結婚披露宴の視聴率がいまだに破られていないカップルの、思ってもいない離婚が、テレビや新聞というメディアではなく、作るのに3カ月かかる単行本でスクープされる。離婚にいたるまでの経緯と理由が書いてある。ある意味、一番えぐられたくない部分。それが決定的なコンテンツになることは明らかですよ。

僕はそのタイミングで郷ひろみさんに対してカードを切った。書くことによって君は苦しさから少しは解放されるかもしれないし、気持ちも整理されるかもしれない。だから書こうよって言ったんです。

――そんな見城さんが最も影響を受けた本を教えてください。

『吉本隆明　定本詩集』です。この本に出会ったのは高校3年のとき。それからもう40年。僕はこの本を7冊持っています。同じ本を、ベッドのそばや、トイレ、風呂場、リビング、書斎とかに置いているんです。今ではもう絶版でなかなか手に入らないけれども、古書店に行けばあるんじゃないかな。

その中に『転移のための十篇』という詩があります。その詩自体は僕が2歳ぐらいのときに書かれたもので、それはもう60年近く前ですね。吉本隆明さんが革命闘争をやっているときに、自分は孤独だが、戦い抜くぞという意思を詩で表現したものです。40年近くずっと僕は編集者をやってきましたけれど、辛いとき、どうにもならないとき、必ずこの詩集を読みます。そうすると、よし戦い切るぞ、っていう気力に満ちてくるんです。

例えば、上場する前日や、郷ひろみの『ダディ』を発売したときなんかに読む。『ダディ』は初版50万部刷って20万部返本されたら会社は相当やばかった。夜なんか眠れないわけですよ。でもこの詩集を読むと元気が出るんです。結果はミリオンセラーになりました。

彼は革命運動をやっていた。それは国家と戦うわけですから、極限状況での戦いですよね。しかも、君たちは孤独な戦いを君たちのためにしている僕を分かってくれないじゃないかっていう思いがあるわけですよ。だから、僕は秩序の敵であると同じに君たちの敵であると。ここまで辛い思いを耐えてなおかつ戦おうとした人がいたんだということに、涙が出てきます。

会社で何か大きな決断をしなければいけないとき、不可能だと思われる戦いに挑むときに、

ぼくを気やすい隣人とかんがへてゐる働き人よ
ぼくはきみたちに近親憎悪を感じてゐるのだ
ぼくは秩序の敵であるとおなじにきみたちの敵だ
きみたちはぼくの抗争にうすら嗤ひをむくい
疲労したもの腰でドラム罐をころがしてゐる
きみたちの家庭でぼくは馬鹿の標本になり
ピンで留められる

吉本隆明『転移のための十篇・その秋のために*』より

＊『吉本隆明詩全集5　定本詩集』（思潮社）にも収録

結局社員も取締役も、やっぱり僕の心情を理解してくれない。戦いを挑もうとする僕を理解してくれない。だけど、僕は君たちのために戦うんだと、出版業界の秩序を壊そうとして戦うんだと。僕は秩序の敵であると同時に、それを理解しない君たちの敵でもあるんだっていう、それぐらいの極限状況の戦いに出て行くという心情になる。この詩は僕の中で聖書のようなものだけれども、書いたご本人はこんな風に読まれるのは心外かもしれない。でも僕はこの詩を読むと、真っ暗闇の中に突っ込んでいけるんです。

不可能だと思えることに、決然と挑もうとしている人たちが読んでくれたらいい。不可能だと思うことに戦いを挑むのは孤独ですよ。その孤独な心情がこれほどまでに見事に描かれている詩はないですよ。

――２０１０年12月には還暦を迎えられますね。これから取り組みたいことは？

70歳までは現役の編集者でいたいと考えています。僕は退屈なのが一番耐えられないので。僕は自分が今やることを鮮明にするために、自分の寿命を70歳と決めました。そうすると、死ぬまでにあと３６５×10回の晩飯がある。あと10回の正月。あと10回のゴールデン・ウィーク。あと10回のサマーバカンス。あと10回の花見がある。実際には、65で死ぬかもしれないし、80まで生きるかもしれないけれども、とりあえず70までは生きると仮定して、そこから逆算して人生を考えているんです。

死だけは平等ですよね。どんな金持ちにも、どんな地位のある人にも、どんな名誉のある人にも、必ず死だけは平等に訪れる。死ななければ、失恋したって、病気になったって、仕事がうまくいかなくなったって、問題ないでしょ。人間は死ぬという運命を持っている限り、いろんな問題を抱えざるをえない。そして、人間に救いの光を照らすのは、それは本ですよ。僕に言わせれば。

死の瞬間に、できれば後悔したくない。きっとほとんどの人は、死の瞬間にやり残したことをいっぱい思い浮かべる。走馬灯のように。すべてをやりきって死ぬなんていうことはありえない。でも僕は、その瞬間に「自分は何もやれなかった」と思いながら絶望したくない。

だから、死ぬまでにあと10年、力の限りやるつもりです。

けんじょう・とおる　1950年生まれ。慶應義塾大学法学部卒業後、1975年、角川書店に入社。5つの直木賞作品を送り出し、『月刊カドカワ』編集長として部数を30倍に伸ばす。1993年、部下5人と幻冬舎を設立。五木寛之『大河の一滴』、石原慎太郎『弟』、天童荒太『永遠の仔』、村上龍『13歳のハローワーク』、郷ひろみ『ダディ』など17本のミリオンセラーを手がける。

作家

岩崎夏海

小説はエンタテインメントの王様。真摯さに心を打たれた

マーク・トウェイン『ハックルベリイ・フィンの冒険』

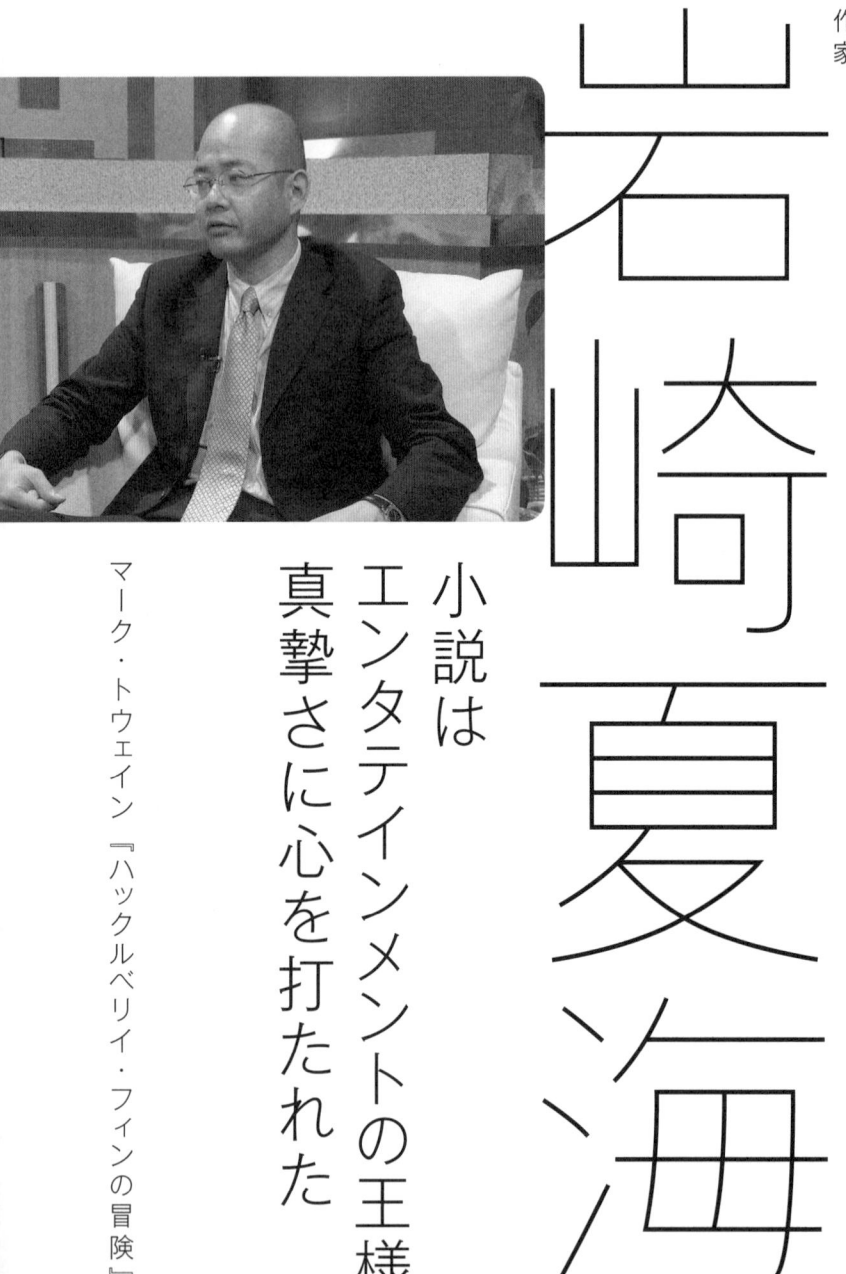

――『もし高校野球の女子マネージャーがドラッカーの『マネジメント』を読んだら』は110万部を突破しました。

僕は200万部売れることを前提に書いたので、まだ道半ばですが（注・2011年7月時点で268万部突破）。今、社会で多くの人が閉塞感や暗いムードを感じている。不況なのですが経済復興策が有効ではないのではないかと疑っているんですね。お金じゃないんだ、お金ではなくやりがいだ、という思いを多くの人が抱いているところに、ドラッカーの考える社会を提示したことが受け入れられた理由だと思います。そういう役割を担って本を書いたつもりです。

ドラッカーは経営学者として知られているが、自分のことを「社会生態学者」としていた。社会の生態を観察して考察するという意味の、彼の造語です。また、自分の役割を「バイスタンダー」とも言った。傍観者という意味です。劇場で舞台袖に立っている人間だと。舞台や客席にいるのではなく、舞台袖から俯瞰して本質を見極める。彼が20代のときドイツでナチスが台頭し、第2次大戦に突入したが、彼はナチスに対して反対の声を上げるのではなく、ナチスの本質は何か、彼らがどう生まれ、どこにいくのかを考察して伝えようとした。それが処女作の『「経済人」の終わり』です。

僕も若いころから、世の中がどうなっているのか興味があり、本質は何か見極めようとした。

頭が良くないので自分自身がよく噛み砕かないと理解できない。その努力は惜しまなかった。何がどうなっているのか納得しないと進めないんです。ドラッカーの本もかなり読みこんで、『もしドラ』を書きました。

――私はドラッカーに何度も挑戦したのですが、分からないところが多かった。『もしドラ』を読んで初めてドラッカーの言いたかったことを具体的に理解できました。

ドラッカーの本には50年経っても古びないものがあります。いつの時代でも通用する言い方をしている。そのため、具体例というか時代性に欠けるところがある。そこをうまく今日的な例に結び付けて、今にマッチしたコンテンツに仕上げたのが僕のやったことかもしれないです。とあるNHKのドキュメンタリー番組を見ていたとき、合唱部の主将の女の子が部の運営に悩んでいた。そういった悩みを持つ主将やマネージャーは彼女だけじゃない。あらゆる学校の主将やマネージャーが悩んでいる。しかし、誰もドラッカーの『マネジメント』を参考にしたらと提案をしていないことに気づいた。そこで、そうした層にドラッカーを紹介する本はどうだろうと考えました。

初めてドラッカーの『マネジメント』を読んだときに、これは本物だという一文に出会いました。『もしドラ』でも引用したのですが、ここです。読んでみていただけますか?

——「人を管理する能力、議長役や面接の能力を学ぶことはできる。管理体制、昇進制度、報奨制度を通じて人材開発に有効な方策を講ずることもできる。だがそれだけでは十分ではない。根本的な資質が必要である。真摯さである。」

ありがとうございます。やはり涙が出てしまいます。

ドラッカーは真摯でなければマネージャー失格と言い切っている。これは玉虫色で口当たりのいいことを言っているのではなく、彼は不退転の決意で述べている。そのとき60代だったが、数多くの誤解や反論を受けてきたはず。しかし反論に対して一歩も引かず、正しいことを述べた。その姿勢そのものが真摯だったのです。その姿勢が文章から感じられて、涙が止まらなくなるんです。『もしドラ』では、その真摯さについて主人公のみなみちゃんに託しました。

——そんな岩崎さんがみなさんに薦めたい一冊は？

マーク・トウェイン作の『ハックルベリイ・フィンの冒険』です。特に村岡花子さんによる訳を多くの方に読んでもらいたい。

日本ではマーク・トウェインというと、岩波少年文庫に入っている『トム・ソーヤーの冒険』がよく知られています。ですが、小説としては、『ハックルベリイ・フィンの冒険』こそが金字塔であり、米国文学の到達点だとの評価で一致していた。そう聞いて、『トム・ソーヤーの冒険』でさえ面白いのに、あれより比べ物にならないほどすばらしいとはと驚いた。読んでみたら本当でした。人類が持ちえた宝ですね。

この本では人種差別にこれ以上ない反撃を突きつけている。しかも、これ以上ない文学的な手法でノーと言っている。どの場面かと言うと、ハックルベリイが見知らぬ家を訪ねます。すると、その家の黒人メイドが出てくるというシーンです。なぜこれが日本人の僕にも響くかというと、小さい子供がお母さんのスカートの後ろに隠れてこちらを見ているという光景は、誰もが体験したことがあるんです。そして、黒人の子供も、白人の子供も、同じことをするとハックルベリイが考察するんですね。

これが書かれたのは19世紀なので、米国では当たり前のように人種差別があった。マーク・トウェインは南部出身なので、奴隷のいる環境で育ちました。南北戦争で北軍が勝利し、黒人奴隷制度が撤廃されたけれども、いまだに根強い差別がある中で書かれたものです。小説の舞台は南北戦争より前ですが、愚か者の少年として描かれているハックルベリイが、間違った常識の中で育ち、彼自身でさえ気づいていない正しい行いをする。常識に抵抗することが不利益になる状況の中で、正しさを貫こうとすることの尊さ、美しさを描いているのですね。

黒ん坊の女のうしろから、小さな黒ん坊の女の子が一人と、男の子が二人、粗麻のシャツだけという姿でやってきて、母親の着物にまつわりつきながら、母親のかげから恥ずかしそうに僕のほうを見ている。黒ん坊の子供はいつもこうする。すると、今度は白人の女が家から走り出てきた。四十五歳から五十歳くらいの年格好で、帽子をかぶらず、手に紡ぎ棒を持っていた。そのうしろから、その女の白い子供たちがきて、黒ん坊の子供たちと同じようなことをした。

マーク・トウェイン『ハックルベリイ・フィンの冒険』（村岡花子訳）より

――どんな人に読んでもらいたいですか？

やっぱり子供ですね。中学生や高校生がこれを読めば、正しさとは何か、勇気とは何か、真摯さとは何か、いろんなものが学べて、人生がより豊かになる。もちろん、大人が読んでも彼の生き方に学ぶことができます。ハックルベリイは永遠のロールモデルです。

マーク・トウェインは、自分が生まれ育った地域をモデルにして書いているので、当時の南部の様子が読者に生き生きと伝わってきますよね。19世紀のミシシッピ川を旅する楽しさみたいのも味わえます。川を筏で流れるのですが、町の明かりや木々の風景が目に浮かぶようです。

それと、小説の中ではハックルベリイと黒人奴隷のジムがいっしょに旅をするのですが、漫才のようなかけ合いも楽しい。実は、ふたりの登場人物が丁々発止を繰り返してどこかに行って帰ってくる物語というのは、世界的に神話や小説に繰り返し現れるテーマなんです。日本では、弥次さんと喜多さんの『東海道中膝栗毛』がありますね。『ハックルベリイ・フィンの冒険』は、そのテーマが非常に洗練されていて、お手本のような小説です。これを読めば小説とは何かについても学べます。そして、『ロミオとジュリエット』のパロディや、『ドン・キホーテ』のパロディも出てくるんですね。昔の名作のエッセンスが散りばめられていて、小説に詳しい人ほどすごさが分かります。間口は広いけれども、奥が深いんです。

――岩崎さんにとって本とは何でしょうか。

本は僕にとって人生を救ってくれた存在です。僕は自分自身と価値観を共有できる人がいなくて悩んだ時期がありました。ところが、『ドン・キホーテ』を読んで、４００年前のスペインに自分と同じことを考えている人がいたという驚きがあった。

20歳のときにコロンビアの小説家、ガルシア＝マルケスの『百年の孤独』を読みました。それが、人生の中で一番面白い体験だったんです。映画やテレビやゲーム、マンガなど、あらゆるジャンルのコンテンツを超越して、小説というジャンルこそがエンタテインメントの王様だという考えにいたりました。そのときに死ぬまでに一作でいいから、『百年の孤独』と伍する小説を書きたいと思ったんです。

ただ『もしドラ』の続編は書きませんよ。それでは天国のドラッカーさんに何も分かってないと叱られる。彼は、イノベーションの戦略では「既存のものはすべて陳腐化すると仮定する」と述べている。だから、今はまったく違うものを書こうと準備しているところです。スポーツが好きなので、人間をテーマにしたスポーツドキュメントです。期待していてください。

いわさき・なつみ　１９６８年生まれ。東京藝術大学美術学部建築科卒。放送作家等を経て、２００９年に小説『もし高校野球の女子マネージャーがドラッカーの『マネジメント』を読んだら』を上梓、ベストセラーになる。近著には『エースの系譜』、コミック版『もしドラ』など。

詩人

谷川俊太郎

意味のない世界も楽しみたい。読者ありきで詩を書く

元永定正『ちんろろきしし』

――40年前に書いた『生きる』という詩を、震災後に俳優の方々が朗読して注目を集めています。

俳優のみなさんは、やはり朗読がうまいね。普段詩を読まない人でもこういうときに詩を読むっていうのは面白いなと思いました。だから詩には、人を癒すような役目があるのかなと。でも、こういうときにだけ読まれるのは不満ですね。もうちょっと、こう、普段から読んでくれればなおうれしい。

――よく「詩はメッセージを持たない」とおっしゃっています。詩をどうとらえていますか。

言葉の細工ものですね。言葉のクラフト。きれいな箱や、きれいな瀬戸物や、きれいな服は、それがあるだけできれいで楽しい。詩もそうあればいいと思っているんですけど、なかなかそう受け取ってもらえない。言葉だから、みんなつい意味を見ようとしてしまう。意味はもちろんあるし必要なものなんだけど、それだけじゃないからね。

若い女性が服や食べ物の好き・嫌いを言うのと同じで、詩も好きになってくれればいいし、つまんなかったら読まなければいい。おいしけりゃいいんです。

――どのようにして詩を始められたのですか？

高校生のとき、詩が好きな友達がいて、お前も書いてみないかと誘われて、書いてみたら書けたというのが最初です。とても運がいいことに、そうして書き始めた詩が、商業的な文学雑誌に載って、原稿料をもらうようになったんですよ。それで、すごく責任感を覚えて。自分が遊び半分で書いているものにお金が払われた、と。そのころはまだ詩で食っていこうという大それた望みはなかったんですけど、次第に詩以外でもものを書いて生活をするようになって、ある段階で、もう自分にはこれしか能がないんだから、書くことを生業にしようと心に決めました。

書き始めたころはあまり読者のことは考えていなくて、自分で書きたいことを書いていました。でもお金をもらえるようになると、やっぱり読者を楽しませる、読者を感動させるということがまず大事で、自分の感情はそれほど重要ではないという風に、だんだん変わってきましたね。つまり、だんだんと職人になろうと思うようになったんです。

――先生の作品を教科書で読んだり、詩集で読むと、子供が書いたようなものもあれば、ものすごく深いもの、長いものとバラエティに富んでいることに気づきます。

お金をもらうためには、あの手この手で工夫しないと飽きられちゃう。商品として工夫するんです。それに、自分も飽きっぽいので、同じ書き方をしていると飽きてきてしまって、もっとほかに書き方はないのか探そうとする。

現代詩がつまらないのは、読者がいないからですよ。みんな敬遠している。僕は0歳から100歳までを読者にしようと思って書いてきました。それに、現代詩は相当抽象的になっていますよね。普通の人が日常生活でしゃべっている言葉とは違う言葉をしゃべっているものが多い。僕なんかにはそれはできないし、それでいいのかという気持ちがある。普段生活している人たちの言葉で詩を書こう、と。

――『生きる』という作品を書かれたきっかけは?

たしか、PR雑誌の依頼ですね。注文生産方式なので、注文がないと書かないんですよ。詩のマーケットってそんなにありませんから。詩人の生活にとっては、PR雑誌は貴重な財源なんです。原稿料が高くて。文学雑誌はとても安い。『生きる』はどういうお題だったかなぁ。たぶん、その号の編集のコンセプトみたいなのを言われて、その詩を書いたんじゃないかと思います。

――いつもどのような状況で作品を生み出すのでしょうか。

それはもう、パソコンの前でぼんやり待っているような感じですね。言葉がどっかから湧いてこないかなぁと。言葉が湧いてくるというのは、考えるのとは違うんですよ。考えちゃうと、詩がつまんなくなっちゃう。理屈が入ってこないほうがいい。これまでに、言葉が湧いてこなくてどうしよう、ということはなかったな。僕は詩で食わなきゃいけないから、常に家計の重荷を背負っていたから、無理やりでも書いていましたね。

――身の回りであった出来事が作品に反映されることもあるのでしょうか？

もちろんあります。読書とか映画とか、経験したものすべてが蓄積されていて、そこから言葉が出てくる感じですよね。無意識のうちに。

『生きる』という詩の中に何でミニスカートという言葉が出てくるのって子供たちによく質問されるんですけど、あれはミニスカートが世の中に登場したころに書いたんですよ。すごく新鮮で、ミニスカートからスラッとした足が伸びているのがそのまま生きる喜びみたいな感じがした。あと、同じ詩に出てくるヨハン・シュトラウスもそう。そのころの映画『２００１年宇宙の旅』で使われた音楽がヨハン・シュトラウスだった。

――そんな谷川先生がお薦めする一冊は？

元永定正さんという40年来の友達の絵描きの『ちんろろきしし』です。僕はこの人のことをよく知っているけれども、知らずにこの本を初めて見たら、「なんだこりゃ」と思うだろうね。

不思議な絵と文字の組み合わせ。意味なんかないんですよ。ほとんどの人は言葉に意味を探し、意味が大切だと思っているけれども、この本にはまったく意味がない。文字の音と、形だけ。でも、そうしたものも言葉のある側面だということに気づく。

ビジネスマンの人たちがこの本をどう読めるかですよね。実社会でものすごく活発に働いている人たちが、こうした意味のない世界と向き合ったときに、どう感じるか。なんだこれ、と思って終わりかもしれない。これを読んで面白がれるかどうかが、ちょっとしたテストになってしまうよね。

——考えて読むものではない、ということは分かりました。

そうなんですよ。どうやって書いたのかねぇ。僕は元永さんと絵本を何冊かやっていますが、これにどういった言葉がつくだろうかって思いながら彼の絵をじっと見ていると、妙に面白い言葉が浮かんでくるんですよ。それがとても楽しいんです。

たにかわ・しゅんたろう　1931年生まれ。1948年から詩作を始める。1950年には父の知人であった三好達治の紹介によって『文學界』に「ネロ他五編」が掲載。1952年には初の詩集『二十億光年の孤独』を刊行。歌の作詞、脚本やエッセイ、評論などでも活躍する。

プロゴルファー

片山晋呉

戦わずして勝つ。欧米選手と競うコツを学ぶ

吉川英治『宮本武蔵』

——出井伸之さんからのご紹介ですが、ゴルフ界以外でのお知り合いが多いのでしょうか。

そうですね。意識的にゴルフ界以外の方と接するように心がけています。ゴルフだけにとらわれたくないという気持ちが自分の中にあって、経営者が主催の勉強会に行ったり、講演を聴きに行ったりするのはすごく好き。それはゴルフを引退した後のことを考えてというわけではなく、ゴルフ以外の話をゴルフに生かそうというわけでもなく、ただなるべく大きな世界を見てみたいんです。

経営者の著書を読むことも多いですね。面白いことに、考え方がみんなそれぞれ違うんです。どういう風に物事を見ながら山の頂上に立ったのかということに興味がある。こういう考えもあるのかと少しでも発見があるから本はいい。海外に行くときは4、5冊、国内でも2、3冊はカバンに入れておきます。

高校生のとき、通学で電車に乗る時間が長くって、父親にもったいないから人生でプラスになることを何かやったほうがいいよと言われた。それで本屋に行って、たまたま自己啓発の本を手に取ったんです。当時はあまり本を好きではなかったけれども、面白かった。自己啓発の本で読んで、ノートに自分の目標を書くようになりました。高校生のときは「フェラーリに乗りたい」とかですけど。ゴルファーになって、試合にまだ出れないし、予選も通ってないころに、「ツアーで優勝できる」ってノートに書いてましたね。35歳で通算25勝するとも。そうしたら、ちょうど35歳で通算25勝した。11年前に書いたことが実現したわけです。

いや、でも予選すら通れない人が、そんなことを書いていたんで、それを見た人は「お前バカじゃないの」って言うんですよ。僕もほかの人がそうしていたら、いやいやムリだよって言っちゃうかもしれない。でも、思ったことは実現するんだよね。ツアー25勝って書いた紙を天井に貼ったり財布に入れておいたんです。

――片山さんと言えばテンガロンハットですが、かぶるきっかけは何だったんですか。

大学のゴルフ部のころかな。プロ野球の長島一茂さんについての話を聞いたんです。現役のときにユニフォームを着て立っていると、その影を見ただけでみんな長島さんだと分かった。それってすごいと思ったんですね。プロになって影を見ただけで片山晋呉だと分かる方法ないかなと思っていたら、２０００年の夏ぐらいにコギャルの女の子たちがテンガロンハットをかぶり始めたのを見て、これだ、と。初めは渋谷の１０９に行って買っていた。周りはみんな不思議そうな顔をしていたね。でもテンガロンハットをかぶるようになったら、初めて優勝できた。しかもそのシーズンは残り4週で逆転して初めての賞金王に。帽子のおかげで、僕の顔と名前が一致しなくても、あの変なのをかぶっているやつ、と憶えてもらえた。

――試合で、この一打で勝負が決まるという瞬間のプレッシャーは、どのようなものなのでしょうか？

もう、心臓が何回も飛び出そうになるくらい、本当にしびれます。そういうときは、やっぱり経験がものを言いますね。打つのは自分、やるのも自分。いくら周りで支えてくれる人がいても、最後打つのは自分だから、自分を信じ切ってやるしかない。そこがブレてしまうとダメ。

優勝争いをするうえで重要なのはメンタルだけれども、それを上回るのが経験で、それをさらに上回るのは技術なんですね。心を抑えてしまうくらい経験と技術があればなんとかなる。心だけが強くなっていても、経験と技術がないと負けちゃう。優勝争いで自分がドキドキして緊張すれば、絶対パフォーマンスは下がる。経験と技術があれば、パフォーマンスを元に戻せるんです。

ゴルフは4日間の競技で、次の日に成績が持ち越されるスポーツですよね。野球でもサッカーでもその日が終わればスコアは一度ゼロになるけれども、ゴルフはそうではない。そして、3日目が終わってから4日目の朝を向かえるまでの時間がとても長いんです。そこでの心理面のコントロールが難しい。なんとかコントロールしながら調子を落とさないようにしなければいけないいんです。

――そんな片山さんがお薦めなのが、『宮本武蔵』。

吉川英治さんの名作です。これは電通の会長を務めた成田豊さんから「ぜひ読みなさい」と送っていただいたんです。勝負に対する心構えや、気持ちをどうやって高ぶらせるかとかが参考になればと。宮本武蔵がどうやって稽古して剣の達人になったのか、引き込まれますね。やはり、勝負の世界にいる人間として、気持ちが分かるというか。

宮本武蔵って、基本的に戦わないいんですよね。逃げるんです。ここっていうときしか戦わない。逃げるが勝ちというのが好きです。ずるいんですけどね。戦わずして勝っていく。これがどういうことなのか、考えさせられます。

実は最近よく読むのは、武術の本なんです。アメリカによく行くようになって、向こうの選手に距離やパワーでは勝てないってことが分かった。戦っていくうえで何が大切なのか考えたときに、武術が参考になるのではないかと。武術の本を読んでみて、意識をどこにおいて構えるのかということを学んだんです。

意識って深い。よく人間が怒るときのことを、最近の人は「頭に来る」と言う。昔の人は「腹が立つ」と言った。頭ではなくて、お腹のあたりがむかついたんですね。だから、時間が経つにつれて、意識がだんだん上のほうにきたのかもしれないですよね。

武蔵の姿は泥の塊のように山畑を駈けて跳び、またたく間に彼らとは、約半町ほどな距離をつくってしまった。

「里の方だ」「街道の方へ逃げた」という声が頻りと多かったが、

武蔵は山畑の畝を這って、

その人々の手分けして駈けまわるさまを時々、山の方から振り返って見ていた。

吉川英治『宮本武蔵』より

――シーズンではないオフの期間はどのように過ごすのですか。

毎年シーズンオフになる12月は、基本的に何もしません。1年間戦ってきた体を休めてあげないといけないですし、精神的にも肉体的にもきついので、12月は基本的に何もしないようにしています。なるべく予定も入れないようにして。人間らしい休みだと思えるのは12月しかない。クラブも一切握らないようにしています。

ゴルフのシーズンは4月に始まります。移動だけでも大変で、感覚が麻痺するような感じですね。移動して試合して、移動して試合しての繰り返し。最後の1カ月くらいになると朝起きるのもつらくなって、気持ちを持っていくのが大変なんです。好きだし、試合も楽しいんですけど、疲労が抜けなくて、成績も意識しないといけなくなり、その葛藤が大変。だから12月は、目覚ましをかけないで眠りたいんです。

――これからいつまで戦い続けられるのでしょうか？

自分はまだ勝てるという気持ちがあるうちは続けたいですね。ゴルフのことはすごく好き。ダメなときも、うまく打てなかったときも。そんなときは、腹も立つし、不満も感じるけれど、次の日になればまた、ティーアップして打とうって思える。

実は今まで一度だけ、「もうやりきった」という気持ちになったことがあったんです。自分が目標にしていたマスターズで、最終日にボードに名前が載っていたらゴルフをやめてもいいという思いでずっと練習してきた。それが2009年に、単独4位だった。目標にしていたことが現実に起こって、次に何をするのか、答えが見つからなくて困りました。ゴルフはしたいが、試合はしたくない。会場に行きたくない。悩んでも答えが出なかった。

それまでは、調子が悪いとか、成績が悪いといった悩みは、がむしゃらに取り組めば答えが見つかった。でも、今回はそうじゃない。どうすればいいのか……。

結局、シーズンが終わってオフになり、休んだことで気持ちが楽になりました。翌年になってようやく試合がしたくなった。完全にゴルフから離れられたのがよかったんですね。これからは優勝争いにもからんでいきたいです。

かたやま・しんご　1973年生まれ。1995年にプロゴルファーテスト合格。2000年に初めて賞金ランキング1位に輝く。2008年には通算25勝を達成、永久シード権を獲得。2009年にはアメリカのマスターズ・トーナメントで4位に入る。

日本画家

森田りえ子

スタンダードを知り尽くしてひねりを加えたい

籔内佐斗司『ほとけの履歴書』

——金閣寺の方丈の解体修理に際し、杉戸絵を描かれました。

すごいことだなと思いました。描かせていただいた杉戸絵が方丈の中でずっと残り続ける。それこそ数千年も。そのことのありがたさを実感したんですよね。これほど画家冥利に尽きることはありません。

ただ、後世に残るものを描くというプレッシャーはありますよ。しょっちゅう夜中に突然目が覚めて、どうしようって心配になったり。でも、そんなときは、夜中に考えても仕方がないわって思ってもう一度寝ます。楽天家なんですね。

芸術家を志す若い人にアドバイスをするならば、これは孤独な仕事ですから、あまり遠くに目標を置かずに、あきらめないで続けることですね。そして、チャンスは逃さないようにすること。私が37歳くらいのときに高島屋で個展の話がありました。ハッタリをきかせて大きなことをいったために、その若さでは考えられないようなスペースでの個展になりました。でもその会場を自分の絵で埋め尽くしたときの気持ち良さはなかった。ちょっと無理かなってことに挑戦することが大事なのかも。

——画家になろうと思ったのはいつでしたか？

24歳のころです。京都市立芸術大学の大学院に在籍していて、プロの画家といっしょにフランスとスペインのロマネスク寺院を回るツアーに参加したんです。そのときに絵描きのみなさんの姿を見て、こんな風に絵三昧の人生を送ることができたらと思い、画家を目指すと決めました。それから、アルバイトをしながらですけど、写生も一生懸命するようになって。まずは5年間がんばってみることにしました。5年経ってものにならなかったら、またそのとき考えればいいと。そうしたら、5年目くらいで川端龍子大賞をいただき、デビューすることができました。

画家になりたいと思ってから30年近く経って、2009年にはパリで個展を開くことができました。芸術に造詣が深いところですから、つまらない展覧会をしたら嫌われるのではないかと不安を胸に抱いていたのですが、幕が開いてみると大勢の方が来てくださって。それも口コミで噂が広まったらしいんです。ありがたかった。フランスは日本びいきなところもあるかもしれませんが、言葉の壁を越えて美術を分かってもらえた気がします。

——そんな森田さんがおすすめの一冊は、あの「せんと君」の生みの親が著者。

はい。籔内佐斗司さんの『ほとけの履歴書』という本です。日本を代表する木彫りの彫刻家であり、東京藝術大学大学院の文化財保存研究室の教授。仏像の修復も手がけている。この本には奈良の仏像の歴史や、時代背景、そして作り方まで細かく書かれています。文章がとても魅力的で、ご自身の推理も働かせて読者をぐんぐん引き込んでいく。そして、奈良のガイドブックとしても読めるんですね。この本を持って奈良に行ったら、一味違った深い奈良が楽しめるんじゃないかって思います。

印象深かったのは、籔内さんが研究室の助手時代に新薬師寺の地蔵菩薩の修理を依頼された話。見た目はわりと普通のお地蔵様だったのに、X線を当ててみたら、像の中にもうひとつお地蔵様が入っていることが分かった。どんな構造になっているのかと思って解体したら、すばらしいパズルのような形で組み立てられていた。よくこんなに入り組んだ構造にして新しいお地蔵様に作り替えたなと、技術の高さに感心した。籔内さんは、このときの体験があったからこそ、自分も寄木の彫刻を作るようになったそうです。若いときのこういう出会いって、その後の人生につながっていくんですよね。

この寄木造りの技法を完成させたのが定朝と言われています。籔内さんによると、定朝は、現代で言えば自動車の大量生産の手法を考え出したヘンリー・フォードのような人だと。その後、定朝のスタイルは仏像の彫刻におけるスタンダードになったんですね。そして、200年経って、定朝のスタイルを一変させたのが、運慶です。

私はこの運慶についてのくだりがとても気に入っています。芸術家として、スタンダードはとても大切なのだけれども、それだけではダメ。スタンダードを知り尽くしたうえで、ひねり

定朝が天性のシステム構築者なら、
この仏師は天性の表現者であり、
スタンダードの破壊者です。
その破壊者の名とは——運慶です。

藪内佐斗司『ほとけの履歴書』より

を入れる。それが運慶であり、自分もそうありたいと思いました。読んでいて本当にドキドキしたんです。

――新しいことに挑戦するという意味では、森田さんも若い女性を描かれたりしています。

「ＫＡＷＡＩＩ」シリーズというのがあります。テレビでイマドキの若い女の子についての番組を見て、面白いなと思って。原宿に行って、そういう子たちが行きそうなお店で服をたくさん買って、モデルさんに着てもらって描いたんです。私なりのカワイイのイメージなので、実際に原宿の竹下通りを歩いている女の子とは違うかもしれませんけれども。

こうした新しいジャンルに取り組むのって、ワクワクしますね。縛られるのは嫌ですし、「意外」だと思われる作品を発表するのも、自分としては楽しめる。確かに受け入れてもらえるかどうかは分かりませんが、前に進むしかないって思うんですよ。

もりた・りえこ　１９７８年京都市立芸術大学美術学部日本画本科卒業。１９８６年川端龍子大賞展大賞。２０００年京都市芸術新人賞。２００７年金閣寺本堂杉戸絵および客殿天井画制作。２００９年パリ三越エトワールにて個展。２０１１年京都府文化賞功労賞。

映画監督

北野武

本が手元にないと落ち着かないね。
あのジジイには
かなわないと言われたい

——映画監督であり、タレントであり、本を書いたり、絵を描いたりする。その中でどれが一番自分にしっくりきますか？

うーん、俺には原点みたいなのがあって、それは大学辞めたことだと思う。高度成長の後で、やることなくて浅草に行って芸人になった。でも、頭の中ではエンジニアという仕事もあって、自動車とかエンジン設計とか。だから、漫才でデビューしたけれども、しっくりこなくって。

ラジオとかいろんなことやっていくんだけど、いろいろ手を出すけど何ひとつまともにできない。エンタテインメントの世界にいるんだけど、これは本職じゃないという気持ちがけっこうあるのよ。だから満足しないというか。

ただ、映画はあらゆるものを含むんで、笑いも芝居も音楽も映像も全部入っているのね。だから、自分にとって一番面白いのは映画だと思う。

――新作『アウトレイジ』を見ました。暴力が多いのはなぜでしょうか。どういうメッセージがあるのか。

メッセージなんてないよ！　ジェットコースターに乗るのに理由なんてなくて、「面白い」からでしょ。映画はやっぱり面白ければいい。プロレスもそうだけど、映画にも技はある。ネタばらしするわけじゃないけれど、俺の暴力はけっこう凝ってるのよ。あまり人がやらないものを見せる。普通のマヌケなヤクザ映画は殴ったり蹴ったりするだけだけど、俺はいろんな方法で痛がらせるの。子供が昆虫をいたぶるのに似ているかな。映画では役者を人形扱いして、この人形がこう動いたら面白いなとか、頭で考えながら台本を書く。

アウトレイジでは、組とか会長とか親分とか義理とか人情とか言ってるけれども、結局裏切ったりする。あれとそっくりなのは今の日本の政治だと思うよ。一方では国民のためとか言いながら、やってることは全部自己保身。だから、あの映画を通じて日本の政治を見てもいいけれども、まぁ普通にヤクザ映画として見たほうが面白いよね。

俺の考え方としては、暴力映画にはヒーローはいらないし、ハッピーエンドは絶対ダメ。暴力は自分に返ってくるものだから。外国のハッピーエンドの暴力映画ってよく分からないのよ。あれだけ人を殺しておいて女の人と抱き合ってるのはおかしいだろって。

――いろんな仕事をやりながら、自分の中でどうバランスを取っていますか？

俺は北野武でありビートたけしであるけれど、プロダクションの社長でもあるから。その日の仕事に応じて、北野武とビートたけしを操ってる気がする。まあ、パンツ一丁でテレビに出て走ってプールにおっこちているやつが、映画監督としてよーいスタートって言うのは大変でしょ。切り替えないと何やってるんだこの人ってなっちゃう。

ただ、お笑いと暴力はものすごく近いものだと思ってる。暴力はときにお笑いになるし、その逆もそう。結婚式とか葬式とかで笑いが出ちゃうでしょ。笑っちゃいけないのに。あれは暴力的だもん。霊柩車が走っていて、棺桶がポトッて落ちたら笑うでしょ。でもすごく残酷なことじゃない。紙一重なの。だから、お笑いでやることを暴力的なことに転換すると、一番暴力的なシーンができたりする。感情を揺さぶるものはみな底辺でつながってるんだよな。

――書店にはよく行かれますか？

毎回失敗するんだけど、量子力学の本とか、アインシュタインの本とか買って、読むんだけど、途中で挫折するの。分かんねえって。それでまた買いに行くと、別の新しい本が出ている。俺のために作ってるんじゃないかってぐらい。あと、自分で数学の番組をやっているので、数学の本とか。英語の本もね、勉強なんてやりゃしないのに買うのよ。

買ってもぜんぜん読んでない本がいっぱいあるの。表紙だけ気に入って買っちゃったりさ。でも、いいよ。道楽としては面白いんじゃないの。ヨーロッパに行くときに飛行機で12時間以上あるから、往復するとけっこう読めるはずじゃない。とりあえず買っていくけどほとんど読んでないの。安心するためにバックに入れて、ただひたすら酒を飲んでるだけなんだけど、本がないと不安になるの。向こうのホテルでも結局はテレビばっか見てるだけでね。

――いろんなことに興味があって、いろんな知識について本で読むのが楽しい？

映画監督ってみんな博学でしょ。知らないと撮れないから。俺は東京藝術大学で映画を教えているんだけど、授業で高級レストランに行ったりする。だって、お金持ちの食事シーンを撮るときに高級レストランに行ったことがなければ、ボーイさんがどう動くかとか分からないでしょ。知識がないものは描けないわけで。知識がないと調べなければならない。いろんな本で読んだり、人に話を聞いたりもするようになる。

本として今お薦めなのは、この荒俣宏さんの『アラマタ大事典』かな。この人は博学だから好きなんだよね。この本は「あ」から順にちょっとくだらないものまで、300項目以上、百科事典みたいな形式で紹介されている。雑学で、系統立っていないところが面白い。暇つぶしにはもってこいだね。

あとはこの本に書いてあることと、同じことを自分がどのくらい知っているか、勝負でもある。ナスカの地上絵はそうじゃないよ、俺は儀式だとは思ってないとか。ダイオウイカは深海にいてマッコウクジラを食うと書いてあるが、そうじゃない。こないだ捕れたのは大きさが何メートルで……。と、自分の知識と照らし合わせながら読む。まあ、会話のネタにはなるけど、女の人は口説けないよね。

――還暦を過ぎて、これからはどういう活動をされていきますか?

何のために働くのかっていうと、生きるためだと思いますよ。じゃあ何のために生きるんですかって言われたら、死ぬためでしょう。人間は何で生きてるのかって、死ぬためしかないでしょ。早いか遅いかだけで、死ぬことは選べないんだよ。死ぬことだけは平等。

余生をゆっくり暮らそうとするのは、俺に言わせればバカだと思う。ジジイになってもなお若いやつをいじめたり、煙たがられたり、あのジジイにはかなわないと言われたい。暴走族のジジイになりたいくらいだから。日本一悪いジジイでもいい。

努力っていう概念もよく分からないんだよね。水泳選手と違って、魚は別に努力して泳いでいるわけじゃない。本人はそれが普通であって。王さんなんか、夜中に起きてバットを振ってるんだけど、誰かが、なんで夜中にバット振るんですか、すごいですねって聞いたら、ばかやろう、バット振らないと寝れないいんだって。努力じゃないよ、寝るために振ってるんだって。こういうところまでいきたい。働いているっていう意識はなくて、ワーワー言いながらね。ピカソだってそうやって絵を描いていたでしょ。あれは努力じゃないと思うもん。なんかに憑かれたみたいな感じがあるんじゃャン？

きたの・たけし　1947年生まれ。明治大学工学部を中退（2004年に「特別卒業認定証」を授与）。80年代にコンビ「ツービート」として漫才ブームを牽引。その後、テレビの司会やラジオ番組で人気を博す。1989年に『その男、凶暴につき』で映画監督デビュー。1997年『HANA－BI』がヴェネツィア国際映画祭で金獅子賞を受賞。

第2章

発想のヒントが知りたい人へ

放送作家

小山薫堂

人を喜ばせることがアイデアを考える原点になる

志賀直哉『小僧の神様』

――小山薫堂さんの会社は入り口がパン屋になっているのですね。

受付の人を雇いたかったんですけれども、雇うお金がなかったので、受付の人が自分でお金を稼ぐシステムにすればいいなと考えて、パン屋にしました。こういうアイデアは、豊かだとなかなか思いつかないかもしれませんね。お金がないから、アイデアで解決しようと思う。

貧乏性で、とにかく物が捨てられないんです。ニューヨークのスーパーで買った牛乳ビンを東京に持って帰って、貯金箱にしたり。それで、このビンを作った人は日本人がこの牛乳を飲むと思っていただろうか、なんて想像するんです。貧乏性だから、自分が生きている時間をいかに損せず、楽しく暮らすかにこだわるのかもしれません。

そういえば、親父もそういう性格なんですよ。あるとき、100円札の札束でお年玉をくれた。100円札がなくなる前にたくさん両替をしておいたらしいです。そうやって人を喜ばせようとするところは、自分も似たのかな。

自分の発想の仕方は、ホテルマンに近いと思います。お客様をどうやって喜ばすかを常に考える。だから、例えば、電車に乗っているときも、車で走っているときも、「こうすればもっと便利になるのに」とか考えてしまいますね。息をしている感覚に近いです。

――放送作家、ラジオパーソナリティ、会社の社長のほかに、大学で「企画構想学科」という

学科の長を務めている。

僕は企画こそが日本の資源だと思う。でも、机に向かって何かを勉強すれば企画力が磨けるかというとそうではない。大切なのは、企画で人を喜ばせたときの幸福感を味わうこと。それを一度体験すれば、あの気持ち良さを味わおうとして企画を考えるようになる。だから、学生たちに、ホテルを盛り上げる企画とか、ＣＤのプロモーションなどの実践を通して企画を立てる面白さを教えています。

企画を考えるには、いろんな情報を自分の中にストックする必要があります。今では調べようと思えばすぐにインターネットで調べられる。若い人には、自分の中に知識をためずに、外付けハードディスクにとっておくような感覚があるでしょう。でも、ある程度情報を自分の中にストックしておかないと、企画は浮かびにくい。だから、情報に触れることにもっと貪欲になるべきです。新聞やテレビを見ることも重要で、たまたま見たもので人生が変わることもある。それは、セレンディピティ、つまり幸福な偶然ですね。

こういうことを学校で教えようと思ったのは、年齢のせいかも。30代のころは、自分のテクニックは絶対に明かしたくないし、いいアイデアが浮かんでも内緒にしておきたかった。でも40歳を過ぎたあたりから、次の世代に残すことも使命じゃないかと思うようになった。自分が教えた学生の結婚式に呼ばれたりしたらうれしいですよ。

――小山さんがお薦めの『小僧の神様』からはどのような影響を受けたのでしょうか。

志賀直哉の有名な『小僧の神様』という短編は、人を喜ばせるということはどういうことかということが主題になっていて、いろいろと考えるきっかけになりました。短くて品があって、読んだ後にちょっとホンワカするような。小さな作品の中にほのかな余韻が凝縮されている。こういうものを作りたいといつも思っています。

秤屋で奉公をする小僧の「寿司を食べたい」という夢を、客である若い紳士が偶然を装ってかなえてあげるというあらすじで、小僧は紳士の正体を知らず、神様だと思い込む。高校生で初めて読んだときは、どちらかというと「小僧」の目線でした。いつか自分にもこういう神様が何かプレゼントしてくれたらいいなと思っていた。でも今は紳士のほうの目線で読みますから、こうやって人を喜ばせてみたいと思うんです。

あと、最後に突然、文章が著者の目線になって、「作者は此処《ここ》で筆を擱《お》くことにする」と書かれている部分があります。この2、3行が作者の優しさなんじゃないかと思うんです。どんでん返しだけで終わるとなんだか後味が良くないんじゃないか、という配慮のおかげで、この小説全体が優しい感じがして、もう一度読み直そうという気になる。

彼は悲しい時、苦しい時に必ず「あの客」を想った。
それは想うだけである慰めになった。

志賀直哉『小僧の神様』より

こう書かれたのは、与えるだけが本当に幸福なんだろうか、偽善的なことをしてしまったんではないか、という気持ちがあるのかもしれません。これって、今の時代にも通じますよね。エコとか、地球環境を守ろうとか、寄付とかだけで満足している部分があるから。

――人を喜ばせるためには何が必要でしょうか？

ひとつあるとしたら、小さな出会いを大切にすることでしょうか。あるとき東京のお寿司屋さんでアメリカ人紳士と偶然会って仲良くなって、彼が東京に来るたびにおいしいものを食べに連れて行っていた。一度彼の住むロサンゼルスに行ったら、ビバリーヒルズの豪邸に住むお金持ちだということが分かりました。向こうで精一杯歓迎してくれて。あのときお寿司を食べながら声をかけなければ、こういうことはなかったわけです。

だから、タクシーに乗って運転手が新人で、「道がよく分からなくて」と言われたら、すごくうれしいです。今この人に親切にしたら、この後ずっと僕のことを憶えておいてくれるんじゃないかと。そして会社の前でタクシーを降りるときに、自分の名刺の裏に「この人にオレンジジュースとパン1個無料にしてあげてください」と書いて、運転に慣れたらこれを食べにきてくださいと言って渡すんです。うちのスタッフにもこうやって名刺を渡していいよと言ってあります。そうやって運転手さんに話しかけるのは楽しいからって。

――映画『おくりびと』はアカデミー賞を獲得した。今後はどうやって企画を考えていきますか？

『おくりびと』でアカデミー賞を取れたのは運が良かった。たまたまこういう時代だったからでしょう。バブル期ならこういう作品は注目されないでしょうね。

ずっと「普通とは何か」を考えることが自分のテーマになっていたんです。大学の卒業制作のタイトルは、「普通の生活」でした。変わった生活をしている人のドキュメントなんですが、その人にとってはそれが普通の生活ですよね。『おくりびと』もその延長。死ぬことは究極の普通のことで、お金持ちも貧乏の人も、良い人も悪い人も死ぬ。こんなに普通なことなのに、その普通なことにかかわっている人が普通だと思われていない。これを題材に、普通とは何かを考えてみたかった。

企画を考えることだけでなく、人生全般のヒントになるかもしれないのが、「神様にフェイントをかける」ということです。これも僕がよく言うことなんですけど。自分のことをいつも見ている神様がいるとして、天使でもいいんですけど、朝会社に行くときに思い切って逆方向の電車に乗ってみるんです。その日は会社に嘘をついて、体調が悪いんで午後から出社しますと言っておいて。すると、きっと日常では出会えないことや、知りえない情報に触れる機会がある。

レストランで、普段だったら絶対に頼まないような嫌いなものをあえて頼んでみるとか、銭湯に行ってみるとか、男性だったら普段行かないような流行りの美容院を予約して髪を切ってみるとか。そうやって神様にフェイントをかけて、思い切って無駄なことやってみる。その思い切りが自分の目を覚ますきっかけになり、何でこんなものに縛られていたんだろうと気づく。自分にとって非日常だったところに足を踏み入れるからこそ、新しいことが起こるんです。

企画を真剣に考えているときはつらいですよ。お風呂に入っているときも、寝ているときも、本当に気持ち悪くなるくらい考える。それでも思いつかないこともありますし、これはいけると思ったものが失敗することもある。うまくいかなかったときは、「自分には向いてなかったんだ」と思うことにしています。これは親父の言葉なんですが、「人は知らず知らずのうちに最良の人生を選択しながら生きている」と。失敗しても、これは失敗したほうがよかったんだ、もしうまくいってたらその先に落とし穴があったはずだ、と思う。そして、人の喜ぶ顔を見るために、また企画を考えるんです。

こやま・くんどう　1964年生まれ。日本大学藝術学部在学中に放送作家として活動を開始。深夜番組の構成を中心に『カノッサの屈辱』や『料理の鉄人』などを世に送り出す。映画『おくりびと』では脚本を手がける。株式会社オレンジ・アンド・パートナーズ代表。東北芸術工科大学デザイン工学部企画構想学科長、同大教授。

作詞家

秋元康

拳闘のパンチのような小説。エネルギーに圧倒された

石原慎太郎『太陽の季節』

――作詞家、放送作家など、いろんな仕事をされています。何が本業なのでしょうか。

何が本業なのか、あまり考えてないです。僕は17歳のときにこの仕事をアルバイトで始めているので、その気分が抜けていないというか、高校2年の夏で自分が止まっている感じなんです。当時は大蔵省に入って官僚になろうかとも考えていました。バイトとして始めたことをいまだにやっているので、就職したという意識もないいんですよね。

その時々に、自分の興味のあることをやってきました。「次にこういう企画があるんだけどやる?」と声をかけてもらい、やりますやりますと返事をするというのが30何年間続いているというか。

だから仕事をしながら、早く大学に戻らなきゃとか、早く就職しなきゃという気持ちはありましたね。作詞を専門に勉強したわけでも、台本を書くことを学んだわけでもなく、見よう見まねでやっていたので、どこかでちゃんと勉強しないといけないとは思っていた。ケーキが好きな人がそのままケーキ屋になったようなものですよ。番組を作ること、歌を作ること、CMを作ることも、映画を作ることも楽しいんです。どこまでが仕事で、どこまでが遊びでというのがあいまいで。高校2年のときから、もし僕が番組を作るならこういう風にするな、もしこの人が新曲を出すならこういう風にするな、このCMならこういう風にするな、と当てもなく考えていたのがそのまま仕事になっているので。

僕は料理をしていると思うんですよ。フランス料理だったり、中華料理だったり、イタリア料理だったり、日本料理だったりと、出てくるものはいろいろなんですけれども、結局は料理なんです。まず食材を見て、アワビだったら、これは新鮮だから火を通すより生で何かおいしくできる方法はないかなと考える。イタリアのこの野菜は苦味がいいから、それを生かすような料理にしたいなとか。そうして出来上がったものが、アイドルの曲だったり、演歌だったり、CMだったり、映画だったりするので、いろんなことをやってるように見える。

だからこれからやりたいものを聞かれても、特にないんです。自分の前に現れた人だったり素材を見て、どうしたら面白いかを考えたいんです。

――一時期ニューヨークに行かれていました。どのような心境で？

息苦しくなってしまって。アルバイトのつもりで、自分が一番視聴者に近いつもりで仕事をしていたのに、気がついたらみんなが、次は何をやればいいと思う？　とか、どんな歌がいいと思う？　とか聞いてくる。あまりにも期待されすぎてしまっていたんですね。無責任にやっていたつもりが、プレッシャーがすごかった。ニューヨークに住んで、オノ・ヨーコさんの映画を作ったりしていました。

そのとき、延期になっていたあるプロジェクトが再開したんです。美空ひばりさんの歌を僕がプロデュースするという企画です。ひばりさんが福岡で倒れて入院していたんですけど、元気になったんでやりましょうと。

ニューヨークで住んでいたコンドミニアムからイーストリバーを眺めながら、その川も日本につながっているんだなと思って。そんな望郷の念がありました。ワシントンスクエアパークの近くのカフェで、美空ひばりさんの曲を作ろうと思ったときに、なぜか1行目に、「川の流れのように」って書いたんですね。こんなことはあまりないです。歌のタイトルは最後に決めることが多いですから。たぶん、ニューヨークのイーストリバーや、日本への思いとか、いろんなものが重なったんでしょうね。

日本一の歌姫である美空ひばりさんが、作詞家として、プロデューサーとして認めてくれたんだから、これはアルバイトじゃなくて作詞家と名乗っていいのかな、と思いましたね。

――お薦めの一冊は、石原慎太郎さんのあの名作ですね。

『太陽の季節』です。中学生くらいのときに読んで衝撃を受けましたね。すごいエネルギーだと思います。もちろんこれは、賛否両論があったにせよ、芥川賞を取った作品です。技巧的にもすばらしいけれども、それよりも石原慎太郎というエネルギーに屈服したという感じですね。荒削りだろうが言いたいことをバンと打ち出している。

竜哉が強く英子に魅かれたのは、
彼が拳闘に魅かれる気持ちと
同じようなものがあった。

石原慎太郎『太陽の季節』より

若者の迷いや過ちがストレートに描かれています。若さとは、がむしゃらに突っ走ることなんだと、共感しました。数十年経ってじっくり読んでみると、単純に若気のいたりだけじゃなくて、大人に対してのアンチテーゼもあって、考えさせられる部分がありました。

拳闘のパンチのような小説です。まさに、石原さんが原稿用紙に向かって、拳闘を、ボクシングをするように書いたんじゃないかと思うんですよね。だから、ゴツゴツしている部分もあるし、繊細でしなやかな部分もある。有名な障子のシーンも印象的ですが、終わり方も衝撃的だし、ノックアウトされました。

若さとは、間違っていても踏み出すことであり、若くない人は立ち止まる。大人は自分がそれをやったらどんなことが起きるかを想定し、できるならリスクを避けようとするわけじゃないですか。でも主人公は走るわけですね。感情のままに。それは主観で生きることのすばらしさです。若者たちが空気を読むとかそういうことを言っているけれども、空気を読むことがどれだけ必要なんだろうと。それよりも、あなたはどう思って、どう生きたいのかということが大事なんだということが、この小説に書かれている気がしますね。

――どうしたらヒットする企画を考えることができるのでしょうか。

時代とどう合気道するかなんです。時代という力がある方向へ流れていっているのに、それに対して無理な方向にがんばってもヒットは出ないんです。ただ一方で、どうやって時代の力を利用する企画をやるかというと、一番は「継続は力なり」なんですね。

例えば、止まっている時計は日に2回は正確な時間を指すわけですね。でも、時代に合わせようとすると、時計が1分遅れになったり、1分早くなったりするんですよ。だから、変わらないものをやり続ければ、いつかタイミングが合うんです。AKB48だって2005年12月からコツコツやり続けた。急にAKBがヒットしたわけではなく、まるで高校野球を応援するようにずっと見ていてくれたファンがいたんです。だんだん強くなって、予選をひとつずつ勝ち進んで、ついには甲子園で初優勝した。それが感動を呼ぶんです。

アイデアや企画というのは、物の見方なので、自分の「見えないリュック」にどれだけいろんなものを入れておけるかですね。意識的にも、無意識的にも。例えば、スタッフと打ち合わせをしていたときに、そのスタッフの父親が新潟の出雲崎の出身だと言っていたんですね。それを無意識のうちにリュックに入れておいたんです。そして、黒人演歌歌手のジェロさんの『海雪』という曲を書くときに、ピッツバーク出身で演歌のうまい彼の口からどんな地名が出てきたらギャップができて面白いかと考えたときに、あ、出雲崎だ、とリュックから出てきたんです。毎日の何気ない状況で何を吸収できるかが重要なのかもしれません。

仕事をするうえでこうすれば正解だというものはありません。選択を間違えないことが大切なのではなく、間違えたときに戻ってくる力が大切なんですね。誰だって間違えるんだから。失敗して落ち込んで、立ち直るまでに時間がかかっていたらもったいない。間違いに気づいたら、そこからダッシュで戻らないと。だからタフなほうがいいのかもしれませんね。

僕も偉そうなことは言えないけれど、人生は1本の細い線では絶対に描けない。写生するかのように、やわらかい鉛筆で、何本もの線で輪郭を描いているうちに、おぼろげに浮かんでくるのが人生です。何本かの線は間違えたり、はみ出したりするわけじゃないですか。

間違ってもいいんですよ。やわらかい鉛筆で、その上からまた描けばいいんです。僕だって失敗はたくさんありますよ。繰り返すうちに、自分が得意なことや、苦手なことが分かってくる。そして、後から振り返って、はみ出した線も、今思えば楽しかったな、と思うんですよね。

あきもと・やすし　作詞家。美空ひばり『川の流れのように』をはじめ、EXILE『EXIT』、ジェロ『海雪』（第41回日本作詩大賞受賞）、AKB48『Everyday、カチューシャ』などヒット曲多数。TV番組の企画構成、映画の企画・原作、新聞・雑誌の連載など幅広く活躍中。国民的アイドルグループ〝AKB48〟〝SKE48〟〝SDN48〟〝NMB48〟の総合プロデューサーを務めるなど、常に第一線で活躍するクリエイターとしても知られる。

アートディレクター

佐藤可士和

上質さ・手軽さの軸を打ち出し、バランスを取って伝える

ケビン・メイニー『トレードオフ』

――佐藤可士和さんは、単にデザインするだけでなく幅広い仕事をされている印象があります。

コミュニケーションのデザインと言えばよいのでしょうか。例えば企業が社会に対してどうやってコミュニケーションしたら、その企業や商品の価値が正しく認知されるのかを考え、ディレクションします。最近だとブランディングという言い方をすることもありますね。

デザイナーと言うと、僕がマジシャンのように何かイメージを考えてそれを企業に付加しているように思われがちですが、実はそうではないんです。僕の仕事はどちらかというとお医者さんのようなもので、企業がやりたいこと、うまく伝えたいことについてお手伝いをする。クライアントの当事者の方から話をたくさん聞くところから始まります。自著の『佐藤可士和の超整理術』では、それを「問診」と呼びました。お医者さんの問診のように話を聞いて、会社で何がやりたいのかについて、一番本質になるようなコアのところをつかんで引き出す。そしてデザインという手法を使って見える形にして社会に提示する。こういう仕事だと思います。

――例えばユニクロのときはどうやってその作業を進めたのでしょうか。

ユニクロの場合は、柳井正社長にグローバルブランド戦略のディレクションをしてほしいというご依頼をいただいたので、柳井さんと2人だけで、2時間ぐらいずつ4、5回話をしました。ブランドの歴史やビジョンやグローバルブランドとして何をやりたいのかをしっかりと聞きました。こういった問診は、トータルで何時間やると決めているわけではなく、自分が納得するまでやるんですよ。ユニクロはもともと知っているブランドですし、もちろん商品を買ったこともあったので、わりと早くつかめたほうだと思います。

グローバル戦略の一環でユニクロのロゴも一新しました。ロゴはコミュニケーションにおいてとても重要です。柳井さんが日本発のブランドであることをハッキリ打ち出したいという意思をお持ちだったので、インパクトのあるカタカナのデザインを提案しました。実際には何百も案を作りましたが、柳井さんは一発でカタカナの案を選ばれましたね。

コミュニケーションはとても重要である一方で、日本企業が苦手とするところでもあります。日本人は長い間同じ価値観をみんなで共有してきたので、どちらかと言うとあまり主張しなかったり、多くを語ったりしないことが美徳とされてきました。それはとても深いコミュニケーションにつながるのですが、欧米やアジア諸国ではなかなか通用しません。

――よく聞かれるかもしれませんが、アイデアはどうやったら出てくるのでしょうか。

仕事を始めたころは、アイデアが出なくなったらどうしようと毎日不安でした。5年目くらいでホンダの「ステップワゴン」というワゴン車の仕事をやったときに、魅力になるコアはクライアントにあって、それを引き出せばいいんだと気づいた瞬間に、アイデアが出なくなる不安は消えました。今から14、15年くらい前のことです。

それまでは、何か新しいイメージを作って商品に付加しようと思っていました。でもそのときは、休日に子供といっしょに遊びに行くことの楽しさやワクワクする感じというステップワゴンに乗ることで得られる世界観に絞ってアピールするために、「こどもといっしょにどこいこう」というスローガンを開発して、子供のラクガキのようなロゴや動物の絵をちりばめた広告を作ったのです。とても評判になりました。デザインする対象があれば、答えは必ずそこにあるんですね。時間をかけて対話をして、丁寧に探していけば、必ずつかめるはずです。

これは僕にとってとても大きなブレークスルーになりました。以前は、何か自分が作りたいものがあって、それをクライアントの企業や商品に当てはめたりしていました。それでうまくいったり、いかなかったりで、とてもムラがあって。何でだろうってずっと悩んでいたのですが、答えが相手の中にあると気づいて、それからは仕事がすごくスムーズになりましたね。

――そんな佐藤さんがお薦めの一冊は？

ケビン・メイニーという方の『トレードオフ』という本です。僕が尊敬している経営者からいただいて、とても面白かったんです。手軽さと上質さのトレードオフ（二律背反）というコンセプトで世の中を見ていくというテーマです。

「上質か手軽、どちらかひとつに特化しない限り成功しない」と主張しているのではない。手軽な商品やサービスに上質さをひとふりすれば、あるいは上質な商品やサービスに手軽さをさりげなく添えれば、ライバルを寄せつけない絶妙な取り合わせを生むのも夢ではない。

ケビン・メイニー『トレードオフ』より

自分が普段頭の中で考えていることが、この本を読むことによってとても整理されました。日ごろの仕事を通じて僕も思っていたことがスパッと書かれていたんです。ブランディングの仕事をしているので、手軽さと上質さというコンセプトの設定がとても明快に感じられました。手軽さと上質さのどちらかを軸にしなければならないと言っているのですが、一番重要なことは、どちらかを選んだからといってそれでおしまいではなく、手軽さの中にも上質さをひと振りするとか、上質さの中にも手軽さをひとふりすることが可能なんですね。

あと、上質か手軽かという軸は、時代やテクノロジーとともに変化していくとも書かれています。難しいことですが、やっぱり、しなやかな軸を持たなければならないのです。硬い軸だと、やっぱり時代やテクノロジーの変化に対応し切れず、うまく機能しない。

僕が仕事をするうえで重要だと考えているキーワードは、「バランス」です。企業やブランドの存在感やイメージを鮮明に打ち出すには、明確なコンセプトが必要なのですが、それがあまり行きすぎていると、ちょっと原理主義のような見え方にもなりかねず、世の中になじまないことがあります。受け入れやすくするためには、バランスの取り具合がカギなんです。

さとう・かしわ　1965年生まれ。多摩美術大学美術学部卒業。博報堂を経て2000年に独立し、株式会社サムライを設立。主な仕事に国立新美術館のシンボルマーク、セブン・イレブン オリジナルブランドのリニューアル、ユニクロ、楽天グループのディレクションなど。

放送作家

鈴木おさむ

ギリギリの「ちゃぶ台返し」に作者の根性を見た

井上理『任天堂〝驚き〟を生む方程式』

――放送作家の仕事を始めたきっかけは?

高校生のときから放送作家になりたかったんです。ちょうどそのころ、テレビ番組で作り手の人を登場させたりとか、作家の名前を前面に出したりするようになった時代で、どんな人が作っているのか興味を持つようになったんです。大学に入って東京に来たんですけれども、どうすれば放送作家になれるのか分からず、太田プロのお笑い芸人のオーディション会場に放送作家の人がいるのをテレビで見て、オーディションを受けに行って、その場で「実は放送作家になりたいんです」と言いました。行動力はすごくあったんですけどね、イタイやつでしたね。

最初にラジオの仕事をやらせてもらったところ、毎月数百本ものネタを作っていました。今だったらできないかもしれないけれども、ひとつでも認めてほしかったから、まったく苦じゃなかった。例えば、来週5本ネタを持ってきてと言われたら、それぞれ10本ずつ全部で50本持っていくようにしていました。すると、この中だったら何となくこのへんかなぁみたいな感じで教えてくれる。おかげで、だんだん自分でストライクゾーンを探していけるようになった。

――月に数百本とは大変ですね。今では数多くの人気テレビ番組を手がけられています。

まぁ、その当時は、今まで自分が聴いていたラジオ局の中に入れる、スタッフに会える、自分のネタを読んでもらえるという喜びがあったので、大変だとは思わなかったですね。たくさん番組ができるようになったのは、ある先輩の一言がきっかけなんです。自分が22歳くらいのころかな。特番で僕がチーフ作家をやった番組がレギュラーになることになったので、それが自分のところにくるだろうと思って待っていたんです。そうしたら、先輩の放送作家に取られちゃった。そしてその先輩が近づいてきて、「君、あのラジオ番組できると思ったでしょ。でも俺がやることになったよ。ディレクターのところへ行って自分がやりたいって言ったからね」って。超ムカついたんですけれども、この世界では自分がやりたいことがあったら手を挙げないと取られちゃうって教えてくれたんですね。これは、よく言ってくれたな、と。最大の種明かしですから。それからは、自分がやりたいことを口に出して言うようになったんです。ガツガツしているように見えても、そうしないと自分がやりたいことができないと考えるようになって。

――映画の脚本を書いたり、交際ゼロ日で結婚された奥様とのユニークな新婚生活を書いた本を出されたりと、多彩な仕事をされています。

仕事があるからがんばれますよね。ひとつ上のステージの仕事が決まったら、それに向かってがんばるというか。今のステージの仕事が楽で、それをずっとやっていたら、なかなか成長しません。身の丈に合わない大きめの服を用意されたら、それに合うよう体をトレーニングする。ずうずうしく「こういうことをやりたい」と言っていれば、10人にひとりくらいは聞いてくれますよ。僕は運良くいろんな人と出会えて、仕事が広がっていったという感じですね。

この仕事で一番重要なのは好奇心だと思うんですね。いろんなものを見てみたいというか。その好奇心の最大の表れが結婚でした。交際ゼロ日というのは、結果として自分に合っていた。3組に1組が離婚するような時代ですから、どういう結婚が自分に向いているのか分からない。奥さんも芸人さん（森三中の大島美幸さん）ですから、ノリで分かってくれて。本当に神様のめぐり合わせですね。

――好奇心というと、たくさんの本を読んだり映画を観たりする？

忙しいのによく映画を観たり本を読んだりする時間ありますね、と言われるんですが、好きなんですよ。僕は千葉県の千倉という房総半島の端っこの出身で、周りに映画館がなかったので映画に飢えていたんです。放送されているテレビ番組は東京と同じですけれども、田舎だったのでレンタルビデオ屋に行ってもわずかしかなかった。それが東京に行ったら、映画館が近くにたくさんあって、レンタルビデオも数千本もあって驚いた。1年間に500本くらい観ましたね。

19歳で放送作家の仕事を始めたんですけれども、言ってみれば子供ですよね。大人はなかなか子供の言うことに耳を傾けてくれない。でも、自分が知らないことだと聞いてくれるんです。だから、映画が封切られたらすぐ観に行けば、その感想はみんな聞いてくれる。遊園地もオープンしたらすぐ行く。人がやっていないことを経験するのがいかに重要かと思いましたね。

この間、パリのルーブル美術館に初めて行ったんですよ。美術のことなんてまったく分からないから、ガイドさんにとにかく何でも教えてくれとお願いして、徹底的に聞きました。ミケランジェロとは、レオナルド・ダ・ヴィンチとは、とどんどん質問して。そういった話はすぐには役に立たないかもしれないけれど、確実に自分の引き出しを増やすんです。モナリザがどうやって盗難にあったかという話が、自分の肥やしになる。

――そんな鈴木さんがお薦めする一冊は、任天堂についてのものですね。

『任天堂〝驚き〟を生む方程式』です。著者の井上理さんは1974年生まれ。僕は72年生まれですが、この世代は任天堂が作ったゲーム&ウォッチやファミコンやマリオブラザーズで育っているんですよ。この本は、その任天堂がDSやWiiなどで成功する物語なんですね。

任天堂に宮本茂さんというゲームクリエイターがいて、アメリカの『タイム』誌で「世界で最も影響力がある100人」に選ばれたことがある人です。その話の数々を読んでしびれちゃいましたね。

例えば、Ｗｉｉが作られたとき、お母さんに嫌われないゲーム機を作ろうというコンセプトがあったんだそうです。お母さんは掃除をするときコードが邪魔だからゲームが嫌いなんだと。だから、お母さんも含めて家族が楽しめるゲーム機を作るならば、コードがないリモコンのコントローラーにしようということになった。お母さんはテレビのリモコンを邪魔だとは思いませんから。Ｗｉｉが発売になったとき、よもやそんなコンセプトがあったとは思いませんよね。初めからコードレスのコントローラーを開発しようと考えていたのかと思いますもん。

こうした宮本さんや、社長の岩田聡さんの仕事ぶりを知ると、本当に勇気が湧くと言うか、自分ももっと学ばなきゃと思いますね。

――ゲームを作る際の「ちゃぶ台返し」という話に驚いたのですが。

僕がこの本で一番好きなところです。ゲームがほとんど出来上がっていて、スケジュールもギリギリなのに、「これは違う！」って宮本さんがちゃぶ台返ししちゃうんです。発売を延期してまでですよ。そして、発売中止したこともある。スタッフからしたら「ふざけるな」ですよね。でも、ただ引っくり返すのではなく、ちゃんとプランを示すんです。延期してもっと良いものを出す。中止して数年後に違う形で出す。そのときはスタッフに嫌われても、数年後にみんなを納得させるものを出す根性はすごいと思います。自分の信念を持って最終的に答えを仕上げの期限が迫る中でのちゃぶ台返しは、現場からしてみればたまったものじゃない。ただ開発スタッフのあいだでは、恐れられている反面、どこか有り難がられているところもある。「こうするともっと良くなるよ」と、ちゃんとお椀やお箸を並べ替えて、指針を与えてくれるからだ。

井上理『任天堂〝驚き〟を生む方程式』より

出すというところにしびれましたね。

あと、すでに亡くなられている横井軍平さんという伝説的なゲームクリエイターは、新幹線でサラリーマンが電卓で遊んでいるのを見て、あのゲーム&ウォッチを思いついたそうです。その発想はすごいですよね。ゲームボーイを開発したときは、あえて白黒の液晶にしたんです。ライバルのゲーム機はカラー液晶だったんですが、コストがかかるうえに電池がすぐなくなっちゃう。結果として、白黒液晶のゲームボーイが勝つんですよ。

――こうした発想は、ご自身のお仕事にも影響を与えましたか?

任天堂のライバルは、ほかのゲームメーカーではなく、「飽き」なんだそうです。いかにブームから定番を作るかということは、とても参考になりました。やっぱり本物を作らないと。みんなブランド品を買ってもニセモノは買わないじゃないですか。僕が子供のころ見ていた番組がそうだったように、楽しそうだな、あっち側に行きたいな、と憧れられるようなものを作りたいですね。

すずき・おさむ　1972年生まれ。千葉県安房郡千倉町（現・南房総市）出身。妻はお笑いグループ森三中の大島美幸さん。「SMAP×SMAP」「いきなり！　黄金伝説。」など多くの人気番組を手がけ、映画の脚本、作詞などでも活躍している。

タレント

中川翔子

脳がぞわっと
あわ立つような恐怖。
人間の闇の部分も楽しむ

筒井康隆『懲戒の部屋』

――タレントやグラビア、マンガ、映画監督としても活躍されています。

本当に恵まれています。小さいころから大好きだったことがお仕事になっていて。ある日は朝から深海魚を釣りに行き、ある日はコスプレしてコンサートをやる。人生がぎゅっと濃くなりました。やりたいことが多すぎて時間が足らない。もっとゆっくり地球が回ってほしいです。

ずっとひきこもりで、20代になるまで人と目を合わせて話すこともできなかったのに、あるときからブログやインターネットの世界で過ごすことが楽しくなり、それが現実の世界に波及して、いろんなお仕事をさせていただくことになった。インターネットを通じて知り合ったみなさんがコスプレしてコンサートに来てくださって、いっしょに歌ったり踊ったり。しかも、コンサートに来てくださった人同士が結婚して子供が生まれたりもしているんです。

――自分が変わったきっかけは何だったのでしょうか。

ブログを始めたことでしょうか。それまでは、いつも「どうせ自分なんかが夢を持っても意味ないし」と思っていました。10代のころはとても後ろ向きで、自分は人に嫌われる星に生まれたんだと、「呪いの日記」みたいなものを書いていたり。あるとき友達に「明日になったら今日より若くないし、人生は3万日しかないんだよ」と言われて、自分はこの地球上に何も残していないと怖くなりました。だったら、ブログにはなるべくうれしいこと、好きなこと、楽しいこと、自分の夢についてばかり書くようにしたんです。そうしたら、それに引っ張られて性格も前向きになって、あんまり落ち込むこともなくなって。気がついたら1日に何十回も更新したり。ブログだったら好きなことを発信していい、友達の前ではコスプレできなかったけど、ここならいいんだ、自由に生きていいんだと思ったら、本当に人生が楽しくなった。

――生活は変わりましたか？

26歳になったんですが、相変わらずマンガを描いたり、ゲームをしたり、アニメを見たり、ネコと過ごしたり、変わっていないんです。仕事が終わったらまっすぐ家に帰って、趣味の時間をガッツリ取る。でも一方で、一昨年は潜水調査船に乗って5351メートルの深海に潜ったのですが、そういう体験はこの仕事をしていなければなかなかできないですよね。子供のころからアニメソングを歌うのが夢で、今はコンサートツアーもやらせてもらっています。東京の会場に福島の方が全身コスプレで来てくださったり。最終公演が仙台だったので、恩返ししなきゃと思って行ったのに、逆にパワーをいただいたり。

――コスプレやマンガは日本が勢いのあるジャンルですね。

世界中でアニメやマンガやコスプレといった日本の文化が大人気です。夏にアメリカで開かれるアニメファンが集まるイベントに3年ほど参加しているんですが、みんな日本のアニメのコスプレをしていて、言葉が通じなくても、好きなマンガや好きなキャラクターを通じて話ができちゃう。コンサートに自分のコスプレを持って行って、エヴァンゲリオンのスーツを着て汗で大変だったんですが、ものすごく盛り上がって感動しました。オタクは世界共通なんです。

――本は昔から読まれていましたか？

父も母も本が好きで、父が亡くなってからは母が働いている間、ひとりで留守番をしながら本を読むか、絵を描くか、ネコと遊ぶかという感じでした。ほかは切り詰めても本と絵を描く道具は買ってくれたので、それがとてもありがたかった。今でも本は常に3冊くらい持ち歩いていて、荷物が重たいです。

科学者の方に、死ぬまでに木星まで行けますかと聞いたら、無理じゃないですかと言われたんですが、本の中なら一瞬で行けます。現実では嫌なことがあっても、本だったらすぐに旅ができて、時間も次元も超えられて、変身もできる。人生の味方です。

ホラーがすごく好きなので、自分が大きな影響を受けた筒井康隆さんの小説を今回みなさんに紹介したいです。『懲戒の部屋』という筒井さんのホラー傑作短編集で、しかもご自分で選んでいらっしゃいます。いろんなお話が収録されているんですが、どれも恐ろしい、醒めないおれは取的に一種の人間ばなれした不気味な能力とか雰囲気とかいったものを感じて、恐ろしさのあまりもはや通行人にぶち当たろうがどうしようがそんなことはかまわず、亀井と並んで逃げに逃げた。頭が鈍い音を立てて鳴っていた。

筒井康隆『走る取的』より

悪夢というか、永遠に悪夢の中で走り続けて逃げられないような感じです。痛みも、恐ろしさも、匂いも伝わってくるような。読んでいて映像がありありと頭の中で浮かぶんですね。

本の中で一番初めに収録されている『走る取的』というお話があります。取的とは力士のことです。ある飲み屋でふとしたことから力士に目を付けられた男2人が、とにかく街の中を追いかけられる。逃げられないんです。文章が絶望的で、ざわっと脳があわ立つというか、読んでいて自分のすぐ背後にいるんじゃないかと怖くなってくる。

――筒井康隆さんの作品はどのようなところが魅力に感じますか？

人間はきれいごとだけじゃなく、表裏一体なんだということ。優しさや素敵なことがあるけれども、それと同じくらい影や闇がある。でも、そういった部分も面白がらないともったいない、楽しんでしまえ、というメッセージが隠れているような気がするんです。あえて闇を楽しむような小気味よさ、グロテスクな美しさが味わえる。この作品はもう何回も読んでいますが、読んだ日は夜寝ると悪夢も見られてさらに楽しめるんです。

なかがわ・しょうこ　1985年生まれ。2011年にディズニー映画『塔の上のラプンツェル』主人公の日本語吹き替えを担当。同年10月12日にはアルバム『しょこたん☆かばー4』をリリースするなど、歌手や声優のほか、司会やグラビア、マンガなど幅広く活躍中。

キャノン電子社長

酒巻 久

能動的に取り組んでこそ効果あり。マンガで発想の転換を

山岸凉子『日出処の天子』

――ユニークな仕事のやり方で会社の利益率がアップしました。

会議は立ちながらやります。そのほうが効率がいいんです。これまで2日間かけて16時間もやっていた経営会議が、4時間ですむようになりました。イスがなければスペースもとらないし寝ちゃう人もいないから発言もどんどん出てくるので、生産性が高い。通常の会議ならば長くても30分くらいでしょうか。

あと、管理職は朝出社してまずパソコンでメールをチェックすることはありません。相手から送られてきたメールを読むのは受身ですから、朝一番の時間をそんな作業に使ってしまうのはもったいない。パソコンを立ち上げるのではなく、自分の考えをまとめたり、その日どう働くかスケジュールを立てたり、掃除をしたりするんです。これも効率が高まります。

とはいえ、「生産性を上げるためにこれからは立って会議をしなさい」と命令してはダメなんですよ。社員にとっては義務になる。義務になると人はやりたくなくなる。だから、生産性を上げるためにどうすればいいか自分たちで考えてもらって、ときどきヒントを出す。アメリカで立って会議をしたら効率が良くなったというデータを見せたら、半年後に「立って会議をやりたいのですがよろしいでしょうか」と若い社員が提案してきた。やってみたら効果が高かったので、部課長や役員も立って会議するようになったというわけです。自分たちで提案したと思えばモチベーションも高くなるんですね。

――部下にやり方を考えさせるというのは、忍耐が必要ですね。

部下の育成には忍耐以外ないですね。キヤノン電子の社長に就任したとき、会社は赤字でした。社長が代わればそれだけで会社が良くなるわけではない。社長ができることといったら、赤字の会社と黒字の会社で何が違うかということを自分なりによく調べること。すると、赤字の会社は受動的な人間が多くて、指示を受けないと動かないということが分かった。調子がいい会社はみんな能動的。そこでは、生産性を2倍にしようと訴えかけたら、末端の社員から役員までみんなどうすれば生産性が2倍になるか自分の頭で考えようとする。

だから社長になってまず取り組んだのは、みんなの意識を受動的から能動的に変えるということでした。そしてそのためには、習慣を変えるクセをつける。やり方も変わらないと意識はなかなか変わりませんから。こうして意識を能動的に変えるために、5年くらいかかりましたね。

会社を立て直すためには、最初に自分たちがどうなりたいかイメージを描きます。赤字から黒字にしよう。でもそれだけだと具体的ではないので、10年後に世界トップレベルの高収益企業になろう、そのために生産性を上げて経常利益率で20％を達成しようと決めたんです。ですが、どうやって生産性を上げるかは、社員に任せたんですね。

――そんな酒巻社長がお薦めするのは、マンガ。

山岸凉子さんの『日出処《ひいづるところ》の天子《てんし》』です。史実を徹底的に勉強して、そこに自分なりのイメージを乗せて読者を驚かせる。天才で、超能力があって、男性に恋をして悩む聖徳太子ですから、驚きますよね。初めて読んだのはもう20年くらい前。行き詰っている人は、読んでみるとこういう見方もあるのかと、発想の転換になるんじゃないかな。

特に面白かったのは、幽体離脱のシーン。霊魂が空に上って全体を見渡すんですが、これは仕事でも役に立ちますよ。実際に幽体離脱をするわけじゃないですが、研究でも開発でも経営でも、行き詰ったときには全体を見渡したり、別の人の視点から見てみると、ヒントが見つかるんです。壁にぶつかったときは、がむしゃらに進むよりも、一歩引いて、もしくは高い次元から見てみると、意外と冷静になれたり、なんでこんなことに悩んでいたんだろうって思えますよね。

マンガを読んで実際の仕事と結びつけて考えたりするんです。例えば『ゲゲゲの鬼太郎』だったら、ねずみ男のように人間を上手にコントロールできる人は経営者に向いているんじゃないか、とか。会社の中にあいう人がいたら、気に入らないからクビにするのではなく、仕事をさせてみたらいいんですよ。

『日出処の天子』より、幽体離脱のシーン。　© 山岸凉子

――マンガは昔からよく読まれるんですか？

子供のころからずっと好きで、大人になってからもよく読んでいます。役にも立つんですよ。新しい分野について知識を得たいとき、基本的なことを分かりやすく解説しているのは、マンガだったりしますから。いきなり専門的な難しい本を読んでも分からない。まずマンガの解説本を探し、読んでみると、その分野の全体像が頭の中にスムーズに入る。

現場の人にも読んでもらいます。私があれこれ説明するよりも、マンガを読んでもらったほうが早いこともある。だから会社の中に、小さな図書館を作って、マンガも並べています。本社には食堂の横に。ほかの事業所や工場にも作りました。

本を読むというのはテレビを見るのとは違って能動的な行為なんです。本は自分でページをめくらないといけないけれども、テレビは放っておいても画面が変わる。それにマンガは、想像力を刺激されます。私はキヤノンに入社して基礎研究をやっていたのですが、その道に進んだのは、小松崎茂さんが描いた空想科学の絵に影響を受けたからなんです。高速道路が交差したり無線電話があったり。こんなものが実現したら便利だなと思って技術屋になった。『ドラえもん』のタケコプターだって、今の技術でほぼ実現できますよね。

さかまき・ひさし　１９４０年生まれ。１９６７年にキヤノン入社。ＶＴＲの基礎研究、複写機開発、ワープロ開発などに携わる。１９９９年、キヤノン電子社長就任。高収益企業へと成長させる。

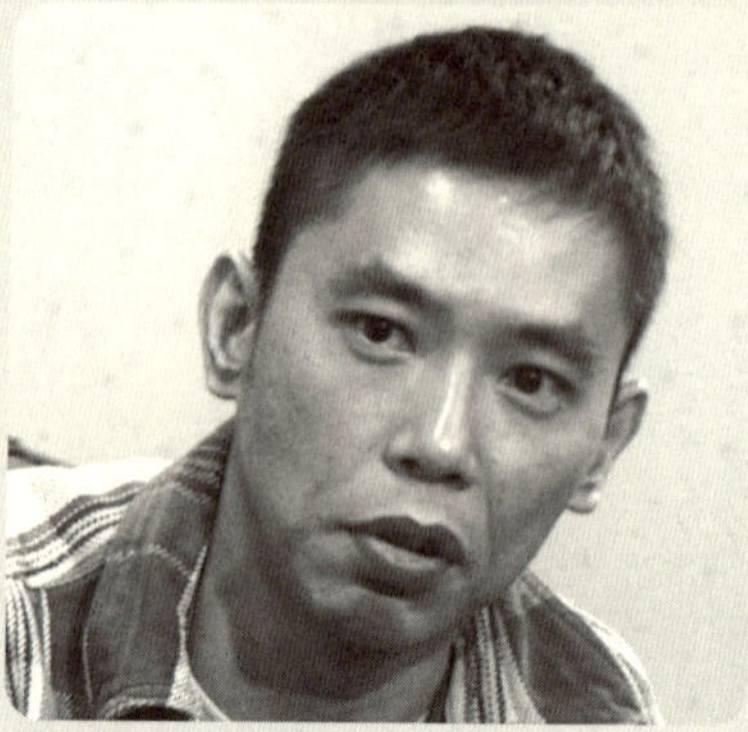

タレント

太田光

高校生のときに本ばかり読んでいた。太宰治は教科書に載せちゃダメでしょ

——いつも読書されていると聞きました。どれくらい読まれるのですか？

エロ本ばかりですけどね。普段は。エロ本をどれくらい読んでるかって？　あ、普通の本は、多いときは年間１００冊くらいかな。最近はそこまでたくさん読めなくて、年間50冊くらいですね。

――小説を出されました。昔から小説は読むほうでしたか？

本格的に読み始めたのは高校生くらいのときかな。小さいときは『トム・ソーヤーの冒険』とか大好きでした。純文学を読むようになったのは高校生のころで、とにかく1日中本を読んでいました。電車の中とか空き時間とか。友達が少なかったんですね。物語を読んでいるときは現実を忘れられますから。みんな楽しそうにしているんで、間が持たないから本に逃げ込むような感じです。

日本文学を読むようになったきっかけは、高校生のときに、太宰治の親友で評論家の亀井勝一郎という人が書いた『青春について』という評論集を読んだことです。偽善とは何かとか、本当の愛情とは何かとか書いてあって、物の見方が全部変わってしまったような衝撃があった。その本に島崎藤村がいかに文学的に優れているかが解説されていたんですね。それで、『破戒』を読んでみたら、すごく面白かった。今思うと何であんなにカタイのが面白かったんだって感じだけれども、こういう世界があるんだってことに気づいたのがうれしかったんだよね。

それから島崎藤村の本を片っ端から読んで、次に太宰治にいきました。太宰治も『青春について』に書いてあったんです。読んでみたら文章がアクロバティックで、文学はこうやって人を楽しませるものなのかと思いましたね。

――太宰治で一番心を動かされた作品は？

あまり有名ではないかもしれないけれども、『右大臣実朝』という中編ですね。源実朝の生涯を描いた作品で、冒頭に歴史書の『吾妻鏡』の原文が引用されているんです。それを受けて、実際にはこういうことが起きたんだろうと太宰が想像力で膨らませて、実朝の暗殺までを書く。現代文で実朝のセリフも入れながら、情景がありありと目に浮かんで、夢中になって読みました。太宰治はパロディが好きなのか、『新ハムレット』ではシェイクスピアの『ハムレット』の新しい解釈を書いているし、『お伽草紙』も日本の昔話を題材にしていますよね。

太宰治みたいな人は今から考えればとんでもないダメ人間でしょ、きっと。女性を道連れに心中して、それで生まれてすみませんじゃないだろうっていう。本当は学校の教科書に載せちゃいけないのかもしれませんね。でも、文学としてはとても面白いですよね。圧倒的に。

――お笑いではなく、物書きの道に進もうとは思わなかったのでしょうか。

あんまり思いませんでしたね。書きたいという願望はあったけれども。太宰を読むようになった高校時代は、同時に漫才ブームのころでもある。テレビではツービートが出てきて、ものすごく刺激的だった。そのちょっと前に音楽ではサザンオールスターズが出てきて、俳優では松田優作がいて、いろんなカルチャーショックを受けている。その中でひときわ目立っていたのがビートたけしさんでしたから。もしかして漫才ブームがなかったら作家の道に進んでいたかもしれません。

自分としては、本を読んでよかったと思うし、本に救われたとも思うんですけど、人に強制的に読めと言う気はしないね。学校で出される課題図書の感想文とかは大嫌いだったから。夏休みの宿題で面白くもない本を読んで感想を書かなきゃならないというのは、本が嫌いになっちゃうかもしれないよね。

――最近読まれた本でお薦めは？

橋本治さんの『リア家の人々』という小説です。この人は天才ですよね。学生時代に『桃尻娘』のシリーズを読んで大感動したんです。日本文学の中でトップだと思っているんですけど、その人の最新作はやっぱり面白かった。リア王を題材にして、戦後日本のとある文部官僚の一家の歴史を描いている。父親と三姉妹を軸にして、公職追放と復職、学生運動を通じて、日本人の意識の変化が分かる。

読みかけの本を常に持っていないと不安になったりするんですよ。今カバンに入っているのは、小島政二郎さんの『円朝』です。明治に活躍した落語家の三遊亭円朝の伝記小説。今って龍馬ブームですよね。その龍馬と同じ時代に、自分の芸と格闘しながら、現代の落語の形を全部作った大師匠が三遊亭円朝ですね。落語を開拓するために、古典から引っ張ってきたり、歌舞伎から引っ張ってきたり、怪談から引っ張ってきたり。面白いですよ。政治を改革している人たちがいた時代に、一方では芸人が落語を改革していたんですね。

——お笑いだけでなく、司会者や、エッセイ、対談などいろいろと活躍されていますが、どれがご自身にとって一番しっくりきますか？

ないんだよね、それが。何にもしっくりこないんだよね。どこにいっても空気が読めないというか。番組でワーワーやってるときが一番楽しいんですよ。だけど、共演者はみんな嫌がっている。話が長いからね。話が長いし、収録時間も長い。だから、もういいかげんにしてくれって言われるんだけど、そういう風に人に嫌がられているときが一番楽しい。

政治番組やっていると、オマエお笑い芸人のクセして、何をエラそうなこと言ってるんだよっていう意見は多いんですよ。いいじゃん別にそんなのって思います。本を書けばまた、芸人のクセにと言われる。そんなのは別にいいんですよ。政治家はこうじゃないといけない、芸人はこうじゃないといけない、アナウンサーはこうじゃないといけない、って決めつけちゃうと、面白くないでしょ。もっとぐちゃぐちゃなほうが、みんなで世の中に参加している感じがして面白いなと思いますけどね。

——短編集『マボロシの鳥』では、テロや戦争や沖縄問題を題材にしたお話もありました。

今回は変化球で伝えようと思ったんです。いつもテレビ番組の討論とかで正面から問題を取り上げてワーワーやっているんですが、それだけでは芸がないなと。一工夫して、物語にして見せてあげると、また違った伝え方ができる。

——長年温めていたアイデアでしたか？

温めていたり、冷ましたりしてました。実際の執筆は1年半くらいかかっちゃった。

——長編に挑戦してみようという気持ちは？

ありますよ。今回も別に短編にしようと初めから決めていたわけではなくて、長くならなかったというか、話がすぐに終わってしまったというか。長い物語が頭に浮かべば長編も書きます。

おおた・ひかり　1965年生まれ。1988年に、日本大学芸術学部演劇学科で知り合った田中裕二と漫才コンビ爆笑問題を結成。テレビ、ラジオのほか、エッセイ、小説などでも活躍している。

第3章

夢を追いかける人へ

JAXA宇宙飛行士

野口聡一

地球はとてもまぶしく生命がダイナミックに動いていた

立花隆『宇宙からの帰還』

――小さいころはどんなお子さんだったのですか？

本当にやんちゃで、野山を駆けめぐって遊んでいました。生まれは神奈川県の横浜だったんですが、父の転勤で兵庫県の姫路の近くの揖保郡太子町で過ごしました。自然に囲まれて楽しかったですね。乗り物好きで、飛行機とか電車とか、ロケットが出てくるテレビ番組とかアニメも好きで見ていたみたいです。小さい男の子ってそういうの好きですよね。

『サンダーバード』や『宇宙戦艦ヤマト』のようには宇宙には行けないとも分かっていたけれども、高校生のときにアメリカでスペースシャトルの打ち上げが始まり、それをテレビで見て、これからは人間がどんどん宇宙に行く時代になると思いました。それがひとつの転機でしたね。そのころは、まさか自分が本当に宇宙に行けるとは想像できなかったけれども、ひょっとしたら行けるかもしれないと夢見ていた。

大学では航空宇宙工学を勉強して、卒業してからメーカーの飛行機のエンジンを作る部門に就職しました、そのころは宇宙飛行士を毎年募集しているわけではなかったんです。仕事は楽しかったですよ。飛行機のエンジンは好きだったし、大きなプロジェクトでアメリカやヨーロッパの人と仕事をすることが本当に面白いなと。宇宙飛行士になってからも、単に宇宙に行って帰ってくるだけじゃなくて、世界中の人といっしょに大型プロジェクトとして国際宇宙ステーションを運営するわけですから、それは結びついてますね。

――宇宙飛行士には何を重視して選ばれるのでしょうか。

ひとつはタフさですね。打たれ強さ。思ったように進まない仕事でもあるし、待たされる仕事でもあるので。宇宙飛行士になれたとしても、実際に宇宙に行くまでに何年も待つ。私も1回目は10年ぐらい待って、2回目はそれからさらに4年。待つのが仕事だから、待つ中で日々新しい発見とか喜びを感じられる人でなければ。もちろん体力とか協調性とかも必要だし、英語やロシア語などの語学もできないとコミュニケーションが取れない。

私のときは応募が572人ありました。その中から選抜された何人かがアメリカのヒューストンに送られて、NASAの養成コースに入った。だから、ヒューストンでの訓練に耐えられそうな人という基準で選んだんじゃないかなと思うんですけどね。

NASAの宇宙飛行士養成コースでは、まず2年間そこで勉強します。30歳ぐらいだったんですが、学生に戻った気分でした。卒業してからも訓練があり、取らなければならない資格があり、いくつも関門があるんです。サバイバル訓練のようなものとか、ロボットアームを正確に操縦する技術訓練とか。常に挑戦し、評価されという状態が10年間くらい続きます。

モチベーションを保っていくのは大変な面もありますね。同じ訓練を受けているライバルとの競争というわけではなく、自分との戦いなんです。それぞれ宇宙飛行士としての強みは違うので。例えば若田光一さんは、いっしょに机を並べて夜遅くまで勉強していたんですけれども、よき先輩であり、よき相談相手です。ある部分においては若田さんにはとても勝てないと思うし、ある部分においては僕のほうがちょっと得意かなというところもある。お互い切磋琢磨できるけれども、やっぱり競争する相手は自分。今日の自分は、昨日の自分を打ち負かさなければいけないし、明日の自分との差を縮めなくてはいけない。その繰り返しです。

——宇宙に行けると決まったときはうれしかったですか？

うれしいかったですよね。これで子供のときからの夢がかなうと、まさに空がパッと晴れるような気持ちがあって。私の場合は、夜家でくつろいでいたら宇宙飛行士室長から電話があって、スペースシャトルで飛んでもらうことになったからよろしくね、という感じでした。通常はそうやってアサインされてから1年半から2年くらいで飛べるんですが、ちょうどコロンビア号の空中分解事故があって、2年半ぐらいの中断がありました。ですから足かけ5年ぐらい経ったでしょうか。電話があってから。

ただ、その2年半の中断の間も、部屋でじっと待っているわけではなくて、訓練もあるし、スペースシャトルの安全性を高めるためのお手伝いとかもある。いっしょに飛ぶ仲間と過ごしたり。ひとりで耐えているわけではなかったので、意味のある時間でした。

——そして、野口さんが紹介してくださる一冊は、宇宙に持っていった本だとか。

『宇宙からの帰還』という立花隆さんのルポタージュです。僕が高校生くらいのときに出版されたもので、アメリカの宇宙飛行士が、宇宙から戻ってきた後どう変わったのかについて、インタビューしたものです。当時は宇宙飛行士の数も少なく、直接実体験を聞くのは非常に難しい時代。そんなときに立花さんがアメリカに行かれてインタビューしたというのは意義深いですよね。実際に自分が宇宙飛行士になり、この本に出てくるような時代の飛行士も含めて、彼らに会って話を聞いてみると、必ずしも全員がドラマチックな変化を経験しているわけではないんですね。だから、うまく人を探し出してきてインタビューしたのが立花さんの腕だと思う。面白いですよね。

高校生で読んだときと、宇宙に持っていって読んだときは、感想がだいぶ違いました。やっぱり、今は当時よりも宇宙に行きやすくなっているんですね。長い時間宇宙に滞在して、複雑な作業ができるようになっている。飛行機だって、ライト兄弟が初めて空を飛んだときと、今海外旅行にいくのとでは、まったく違うでしょう。だから、これからさらに宇宙に行きやすくなるだろうし、宇宙に行くことに対する精神的な意味も変わってくる。

宗教家・思想家になった宇宙飛行士もいれば、
政治家になった宇宙飛行士もいる。
平和部隊に入った宇宙飛行士もいれば、
環境問題に取り組みはじめた宇宙飛行士もいる。
シュワイカートの言葉を借りれば、
「宇宙体験をすると、前と同じ人間ではありえない」のである。

立花隆『宇宙からの帰還』より

――コロンビア号の事故もありましたが、恐怖はなかったのでしょうか。

宇宙に行くという仕事では、リスクはゼロにならないですよね。地面にいるほうが安全なのは間違いない。リスクはどこかで受け入れなければなりません。NASAではよく、例えば船にとっては港にいるほうが安全だけども、それは船の目的ではないよね、と言います。船には、広い海に出て行って、遠くの場所に行って物を運んだり、人を移動させたり、探検したりという目的がある。宇宙船も、危険はあるけれどもそれ以上に意味のある仕事をするために宇宙に行くんです。スリルを味わうための命知らずの冒険と、我々の仕事との違いはそこにあります。

船外活動もしましたが、宇宙船の外は間違いなく死で満たされた世界なんですね。ハッチを開けて外に出る瞬間にそれを感じます。自分はいま宇宙服の中の空気と温度だけで生かされている、と。そして外に出た瞬間に目の前に地球が見えて、そこは間違いなく命が満ちている世界なんです。その生と死のコントラストというのが強烈な印象。地球ってまぶしいんですよ。太陽の光が反射しているんで。写真とか映像ではなかなか伝わらないんですけど。

――打ち上げで飛び立つ瞬間は、どんな感じですか？

僕は、1回目はアメリカのスペースシャトルで、2回目はロシアのソユーズだったので、だいぶ感覚が違いました。スペースシャトルのときは、打ち上げまで1時間を切ったところで不具合が見つかって延期になった。あのときはすごくがっかりしましたね。コロンビア号事故の後の運行再開1回目だったので、念には念を入れようと。2週間後にもう一度チャレンジして、今度は無事発射できました。発射の直前は、訓練した手順をひとつひとつチェックしながらやって、それからカウントダウン。大きなロケットがバッと噴射して、イスごと持ち上げられるような、とにかくすごい衝撃でした。2回目はロシアの寒いバイコヌール基地。3人乗りの小さな宇宙船で、ソユーズはまず延期がないから決まった時間に上がる。小さいカプセル型なので振動の伝わり方はダイレクトです。大型バスとジープの違いという感じがしました。

2回目は期間が長くて、163日滞在していました。地球の姿は毎日毎日違っていて、出発の日までずっと写真を撮り続けていたんだけれども、奥が深い存在だなと思った。本当に飽きませんでしたね。行く前は長い期間大丈夫かなという気持ちもあったんですが、1カ月2カ月と経って、自分が無重力の環境に慣れて、実験や活動に自信が出てきた。それからはあっという間。実感としては、人間は1年や2年は地球から離れて暮らせるんじゃないかと。機会があれば再び宇宙に行って、ぜひまた違う経験をしてみたいです。

のぐち・そういち　1965年生まれ。東京大学工学部航空学科卒。石川島播磨重工業にて旅客機のエンジン開発に従事。1996年に宇宙飛行士候補者に選定。2005年NASAスペースシャトルに乗船。2009年にロシアのソユーズに搭乗し国際宇宙ステーションに日本人最長となる163日間滞在。

作家

火坂雅志

胸が震え、歴史小説家になると決めた

司馬遼太郎『燃えよ剣』

――どのような経緯で歴史小説家になられたのですか？

新潟から出てきて早稲田大学に入りました。それまではただ普通の文学好きの青年で、フォークソングが流行っていたので自分で作詞・作曲して歌っていたんです。でも東京の狭いアパートでは歌えないし、どうしようと思っているときに、あるきっかけがあって歴史小説家を目指すことになりました。

それはどんなきっかけかというと、古い校舎の階段を上っていたら、踊り場に「君も龍馬、信長と語り合いませんか」と書かれたポスターが貼ってあったんです。これは歴史サークルだと思って、歴史が好きなのでそのサークルに行ってみた。ところがそこは、歴史小説サークルだったんですね。「来週の読書会でこの本について語り合いますから読んできてください」と最初に言われたのが、司馬遼太郎さんの『燃えよ剣』という小説です。大変感動して、歴史小説はこんなにすばらしいんだ、こういうものを自分も書いてみたいと思った。その挙句、2カ月後には歴史小説家になろうと決めたんです。一念発起して。

――それで大学生活が一変？

東京に出てきたはいいけれど、酒とマージャンの日々だったんです。早稲田大学の周りには雀荘がたくさんある。授業に出ないで昼間からマージャンをやって、夜になると高田馬場で安酒をあおるという自堕落な生活を続けていた。自分は何をやったらいいのか分からず、何かを求めているのだけれども、五里霧中で、頭の中にいつも白くモヤがかかった状態。でも、『燃えよ剣』を読んで、生活が一変して、雀荘通いではなく大学の図書館通いを始めた。だから、私の人生をまったく変えてしまった一冊ですね。

昔から歴史が好きだったんですよ。本当にマニアで、高校生のときに教科書の誤りを見つけて先生たちを驚かせたくらい。解釈の違いではなく客観的な事実の誤りでした。それくらい好きな歴史を語ることができるので、歴史小説というのは自分にぴったりで、一生の職業にしていこうと思ったんです。

――卒業してからはどのような人生を歩まれたのでしょうか。

出版社で10年間働きました。目標は歴史小説家とはっきり決めていたので、いつかデビューをと思っていたら、幸い10年でデビューすることができたんです。それからすぐ会社を辞めて歴史小説一筋。でも大変なんですよ。歴史小説は年を取らないとダメ。若いと良い味が出せない。大人の小説なので、大人の心に響くものでないとダメですから、やっぱり50歳過ぎてからですね。苦労時代が本当に長くて、20年以上は書いても書いても売れない日々が続きました。

本を60冊以上書いて、ようやく『天地人』がＮＨＫの大河ドラマになり、注目を浴びるようになって、それで「火坂雅志というやつがいたんだ」と認識されるようになりました。それまではずっと悶々としたまま書き続けていましたよ。神様が「お前は甘ちゃんなんだから苦労せい」と言ってるんだと思って。今になってみれば良かったです。そういう下積みで得たものが自分の力になっているので。

――『天地人』はこれだけ世に知られて、ヒットしました。

うれしかったですよ。うれしかったけれども、苦労時代が長いので最初は素直に喜べない。大河ドラマに決まったことはうれしいけれど、それがいいことだと思えるまでに数カ月くらいかかった。最初は悪寒みたいなものがこみ上げてきたくらいですよ。

大河ドラマでは、役者のみなさんに一生懸命演じていただいたのですが、実は私もいっしょになって走っている状態だったんです。というのも、講演が年に百数十本あって、全国を飛び回りながら小説も書いているという状態が、3年近く続きました。講演して、書いて、ほとんど寝る暇がない。体もボロボロになりました。

でも、今振り返ると、夢のようでした。夢のような世界を味わわせてもらいました。

――『天地人』の直江兼続のように戦いの敗者を主人公にした大河ドラマは珍しいのでは？

歴史小説では、戦国時代は書かれ尽くされていて、ペンペン草も生えていないと言われています。だから、今の歴史小説家はなかなか戦国時代を書けない。でも気がついたんです。今までの戦国時代の小説は織田信長の周りを押さえておけば大丈夫だった。つまり、中央から見下ろす視点だったんです。ところが、地方を見てみると、上杉家のように地方分権のような世界が実はあって、京都が応仁の乱で焼けてからは地方のほうが経済力も文化も充実していた。直江兼続は地方が元気な時代を象徴する人物なんです。

戦国時代というと、織田信長のように合理的な考えをして、人を踏みにじっても上を目指すという流れがある一方で、弱いものを助けたり、仲間との信義を大切にするということを真剣に考えている人たちもいたのではないかと。それが上杉謙信であり、それを引き継いだ直江兼続であり、その弟子である真田幸村だというのが私の仮説です。これはぜひ伝えたいと思って書いたんですね。大河ドラマは地方が舞台の作品も多くて、それが良かったのかもしれませんが、地元の人には「この土地に誇りが持てるようになった」と言われて、とてもうれしかったです。

――火坂さんお薦めの一冊は、ご自身の人生を変えた『燃えよ剣』ですね。

先ほどもお話ししましたが、歴史小説家を目指す人がいたら、これを読めば歴史小説の基本がすべて分かるというくらいにバランスがいい。歴史の切り取り方も優れているし、剣戟の場面も面白いし、男と女のドラマもある。

『燃えよ剣』は新撰組という幕末に京都で活躍した幕府側の組織で副長を務めた土方歳三を描いたものです。鬼の土方と言われた怖い人なんですけれども、武州多摩の出で、京都に上って新撰組を作る。ギザギザの山形模様の羽織りで京の町を闊歩するんです。その土方が京都でお雪さんという女性に恋をする。鬼と言われている人物が、一方で好きな人の前ではうまくしゃべれない。そういう人間の姿を司馬さんが描いてらっしゃる。

鳥羽伏見の戦いのあと、京都を追われ、各地で敗れ、どんどん北へ逃げて、最後は函館にたどり着く。局長の近藤勇もいない、沖田総司もいない。仲間はみんなバラバラ。たったひとりで函館に逃れたときは、もう姿も変わっていて、西洋の軍服を着てちょんまげも切って、西洋人のような姿になっている。そこへ京都からお雪さんが来る。来るなと言われていたのに。「お雪、来たのか」と、土方が日本髪のお雪さんをそっと抱きしめて西洋風のキスをするシーンがなんとも言えずロマンティックで、心が震えました。学生時代に涙を流しながら読んで、自分もいつかこういう小説を書きたいと思ったのです。

――私は「時勢などは問題ではない。勝敗も論外である。男は、自分が考えている美しさのた

「つい、来てしまったのです。お約束をやぶって」

とお雪がいった。

「黙っているんだ、しばらく。——」

と、歳三はお雪の唇に自分の唇を押しあてた。

お雪は、夢中で受けた。

司馬遼太郎『燃えよ剣』より

めに殉ずべきだ」という土方のセリフに感動しました。

司馬さんの小説にはあちこちにキラ星のような言葉が秘められています。武士のように命をかけている人たちは、その言葉に説得力がありますよね。自分の人生をかけた言葉ですから。現代の人の心にもストレートに響いてくる。そんな武士の言葉を集めた『武士の一言』という本を書きました。そこでも紹介しているのですが、武田信玄の「六分の勝ち、七分の勝ち」という言葉は私の座右の銘です。私は上杉謙信の地元の新潟出身なんですけれども。

――上杉謙信の「死なむと戦えば生き、生きむと戦えば必ず死するものなり」が印象に残りました。

生涯で80回戦って2回くらいしか負けていない謙信ですら戦いというものは怖いんですよ。戦国武将はいつ殺されるか分からないからものすごいストレスを抱えている。価値観もとても多様で、それは今の時代にも通じるんですね。だから歴史小説を読めば今を生きるためのヒントがあるのは間違いないと思います。

ひさか・まさし　1956年生まれ。早稲田大学商学部卒。出版社勤務を経て作家活動へ。1988年『花月秘拳行』でデビュー。『覇商の門』『黒衣の宰相』などを発表し、『天地人』で中山義秀文学賞を受賞。2009年大河ドラマの原作となる。

プラネタリウムクリエーター

大平貴之

数百万個の星を映す
プラネタリウムを
個人で開発できたわけ

クレイトン・クリステンセン
『イノベーションのジレンマ』

――プラネタリウムを作り始めたきっかけは？

それが、憶えていないんです。気がついたら始めていたというか。最初に作成したプラネタリウムは小学校4年生のときで、自分の部屋の壁に夜光塗料でオリオン座を作りました。文房具屋で光る塗料を買って、それを紙に塗って細かく刻んで星座の形に貼って、親や友達に見せたらすごくほめられたんです。気を良くして星を増やしていって、どんどんプラネタリウムにはまっていきました。

ほかにも興味を持っていることはたくさんありました。軽飛行機を作ったり、科学実験をしたり、アニメを作ったり。その中でもプラネタリウムは、子供のころに興味を持っていたものの集大成だったんですね。電子部品や光学装置が含まれている。しかも完成したプラネタリウムは、エンジニアリングの産物でありながら、感覚的なクリエイティビティも必要になってくる。音楽もあり、映像もあり、ナレーションもある。表現活動になるんですね。専門家しか分からないような部品を詰め込んでできたものに、小さな子供やお年寄りやカップルが「きれいだね」と喜んでくれるんです。

高校生のとき、文化祭で自分で作ったかなり大がかりなプラネタリウムを公開しました。それが、不特定多数の人たちに見てもらう初めての経験だったんです。研究者や開発者は、自分のやっていることにとにかく集中したいタイプと、社会との接点をある程度求めて表現したいタイプとがいると思うのですが、自分は後者なんですね。見てくれた人たちのフィードバックが重要なんです。

――従来のプラネタリウムでは再現できる星の数が6000～3万でしたが、大平さんが開発したプラネタリウムは最大2200万個もの星を再現します。何が開発のモチベーションになるのでしょうか？

まず、今まで世の中になかったものを生み出した瞬間がゾクゾクするんです。今まで使われてこなかった技術を利用してプラネタリウムでまったく新しいことを実現したり、コストを圧倒的に下げることができたりしたときの高揚感ですね。それから、自分が作ったプラネタリウムを見たお客さんが、「わー」って歓声をあげてくれたときもうれしくて。それがやる気を引き起こすんです。

従来のプラネタリウムとは桁違いの星の数に挑戦しようと思ったのは、ハレー彗星を見にオーストラリアに行ったことがきっかけでした。でも、ハレー彗星自体は意外とたいしたことなくて、代わりに驚いたのは南半球の天の川でした。そこで天の川を見るまでは、自分の目標は実際に街の施設で使われているプロが作るようなプラネタリウムをこの手で作ることだったんです。ところが、本物の空にはもっとたくさんの星があって、肉眼で見える星と星との間にあるさらに暗い星が星空の奥行きを作り出していると直感的に気づきました。より本物の星空に近づけるには、もっと暗い星を投影する必要があると感じたとき、目指すものがガラリと変わったんです。

――個人で作っている大平さんがなぜプロにはできなかったものを実現できたのでしょう。

趣味で作っていたからこそ、やろうと思ったのかもしれません。プラネタリウムには確立された市場があり、ビジネスとしてやっている企業としては、何百万個という星を再現するのは過剰性能ですよね。それに対して投資しても、回収できるかどうかも分からない。そういう開発に対するスタンスの違いが大きいでしょう。

といったことを考えるようになったのも、実は今回紹介する『イノベーションのジレンマ』という本を読んだからなんです。この本を読むまでは、マスコミの方から、なぜ大平さんにできてほかの企業はできなかったのかと質問を受けても答えられなかった。それが、2003年くらいにこの本を薦められて読んでみて、目からウロコでした。ちょうどお台場の日本科学未来館で「MEGASTAR《メガスター》-Ⅱ」というプラネタリウムの設置作業を始めたころです。

この本では、イノベーションにも「持続的イノベーション」と「破壊的イノベーション」とがあると述べられています。優秀な企業は今あるものを改良して、持続的イノベーションを繰り返す。きちんとマーケティングもして、ものは良くなっていく。ですが、まったく新しい、革新的な変化が起こったとき、つまり破壊的イノベーションが現れたときには、ついていけなくなってしまうんです。そういった事例は昔からあって、しかも破壊的イノベーションは従来の企業ではないところから生まれたりする。

――メガスターが破壊的なイノベーションだったということですか？

僕の作ったものにある意味、破壊的な側面はあると思います。とはいえ、従来のプラネタリウムもシェアを保ったままなんですよ。つまり、メガスターが代替したわけではない。これが面白いところで、実は僕が作ったプラネタリウムの一番破壊的な側面は、多くの星を再現できることではないと考えています。確かにそれが目立つのでクローズアップされがちなのですが。メガスターの破壊的イノベーションは、従来のプラネタリウムよりも構造がシンプルで、一部の機能がなくて、安いことなんです。

何百万という星が映せるメガスターは、プラネタリウム業界ではなく、一般のお客さんから支持されました。街の常設のプラネタリウムとしては、例えば惑星を映す機能がなかったりして、採用されなかったり。ただ最近はメガスターが常設されることも増えてきていて、今後どうなるかまだ分からないのですが。

――プラネタリウムのこれからの役割は？

２００２年や２００３年ごろだったでしょうか。あちこちのプラネタリウムが閉館になって、マスコミでも「もう斜陽か」と書かれたりしました。でもそれから時代が変わって、また人気が復活してきています。かつては、プラネタリウムというと教育施設でした。学校教育の延長的な位置づけが多く、あんまり新しいこともしにくかった。普通の人にとっては、そういえば子供のころ学校の授業で行ったよなという感じで、例えば大人になってから恋人や同僚といっしょに行ってみようという発想もあまりなかった。ところが最近は、もっとエンタテインメントとしてとらえられるようになってきています。

プラネタリウムという単独の施設ではなく、例えばバーに設置してプラネタリウムの星空の下でお酒を飲むとか。カフェとかエステなどでも利用し始めています。ホテルの待合室にさりげなく設置されていたらステキじゃないですか。いろんな場所に、ほかのものと組み合わさって、多様な形で社会の中にプラネタリウムが広がっていくと思いますね。

おおひら・たかゆき　１９７０年生まれ。日本大学生産工学部在学中に個人でレンズ投影式プラネタリウムを完成。同大学院を経てソニーに就職するが、１９９８年に当時世界最高の１７０万個の恒星を投影するプラネタリウム（後のメガスター）を個人で製作。ソニーを退社しフリーとなり、２００５年には有限会社大平技研を設立。

ニトリホールディングス社長

似鳥昭雄

200店舗達成でも道半ば。ロマンを求め続ける

渥美俊一『21世紀のチェーンストア』

――創業して43年になりますが、家具店を始めたきっかけは何だったのでしょうか。

大学を卒業してから土木会社に就職して6カ月勤務した後、広告会社の営業マンとして就職しました。そこでは毎月50万円分契約を取らなければいけなかったのですが、1件も契約が取れず、その結果1年後にクビになってしまいました。

それで、これは自分で事業を興すしかないと考えて、23歳のときに始めたのが家具店でした。なぜ家具店かというと、近所に食料品店も洋品店もあって、唯一ないのが家具のお店だったからです。

初めの10年で、倒産しそうになったことが何回もありました。一番厳しかったのが、2店目を出したころ、近くに5倍くらい大きな家具店が進出してきたときですね。すぐに売り上げが半分くらいになってしまいました。銀行に行って話をしても融資をしてもらえず、大変なピンチでした。

転機は、アメリカへの家具視察セミナーに参加したことです。27歳のときにアメリカの生活の豊かさを見て、人生観が変わりました。日本人にもアメリカのような豊かな生活を提供したいと思うようになったのです。

当時、アメリカの物価は日本の3分の1だったんです。日本人は、価格を見ながら悩み、時間をかけて商品を購入しています。でもアメリカでは、ウォルマートでも、みんな価格を見ずに自分が欲しいものをポンとカートに入れています。迷わないで買い物を楽しむことができ、また商品のコーディネートも考えることができるのです。

帰国後に「欧米並みの住まいの豊かさを、日本の人々に提供する」というロマンを掲げました。価格はアメリカ並み（日本の価格の3分の1）にして、お客様へコーディネート提案された商品を提供する。日本では、それぞれのメーカーがデザインもスタイルもサイズも全部バラバラに作っていて統一されていません。一方アメリカでは小売業がチェーン展開して、自ら原材料の調達や商品開発を行っているため、統一感が出ます。これを日本でもやろうと思ったのです。

――他社より圧倒的に安い。どうやってその価格を実現するのですか。

それはコスト削減にほかなりません。社員の給料を上げ、株主への配当を上げ、それでも商品の値段を下げられるほどに、コストを下げるんです。そして、景気が悪くなったときに、一気に投資する。これですね。

私は不況になるのを待っているんです。景気がいいときは、自然と成長できるものですが、不況になると土地も建物も価格が安くなりますし、いい人材も確保できますので、投資を2倍、3倍にします。現場で現物で実地調査を行い、統計も見ながら景気が悪くなるタイミングを常に予測しています。
人口が10万人以下の地方都市にも出店を進めていき、日本の人々の暮らしを豊かにして、買い物自体を楽しんでもらいたい。そして、コーディネートを楽しんでもらえるようにしたいですね。

――そんな似鳥さんがお薦めする一冊は？

渥美俊一先生の『21世紀のチェーンストア』です。私は渥美先生に出会わなければ、今のような経営はできていないと思います。30歳を過ぎてこの本に出会い、渥美先生に学ぶことで、チェーンストア企業を目指すことができました。日本のチェーンストアの育ての親なんです。ダイエーの中内功さん、イオンの岡田卓也さん、イトーヨーカドーの伊藤雅俊さんなどと研究して、日本を代表するチェーンを育ててきた方です。
ニトリが２００店を達成したときの式典には渥美先生にも出席していただいて、お話をしていただきましたが、ほめてはくださらないんです。２００店というのはまだまだ半人前だと。ご出席のみなさん、ほめちゃダメだよ、叱咤激励してくださいと。こんなふうに、厳しい中にも愛情あふれるお言葉をいただきました。すごくうれしかったです。でも亡くなられてしまい、とても残念です。

この本を読めば、目の前の利益だけでなく、いかにロマン、つまり「志」が大切かということが分かります。いろんなコンサルタントの方に会いましたが、ロマンについて言う方は渥美先生だけでした。

成功するための5つの原則として、1にロマン、2にビジョン、3に意欲、4に執念、5に好奇心を挙げているんです。ビジョンだけではダメなんですよ。ビジョンだけだと、売上や利益などの数字だけを問題としてとらえてしまいます。

ロマンとビジョンを持ち、いかに社会貢献するかが重要ですが、その社会貢献のバロメーターは既存店の客数、店数がどれだけ増えたかです。同じ店舗での客数の増加を見ることで、私たちがどれくらい社会貢献できたかを測ることができるのです。

流通業に従事している方には、ぜひ読んでいただきたいですね。そして、そのほかの分野の方でも学ぶべきところが多いと思います。ロマンがないと、相手を説得したり、感動させたりすることはできないものです。

ロマンを達成するためには、長いスパンでの覚悟が必要ですし、短期間で成果を挙げる方法はなかなかありません。そういったことを勉強できる本です。

——今後はどのような目標を立てて取り組まれますか？

経営者の評価は、50年後、100年後にならないと、分からないものだと考えています。創業者精神が50年後も100年後も引き継がれていくのが真の会社であり、経営者の評価につながるのだと思うんです。

そのためにはやはりロマンです。ロマンがあると、意欲や執念、好奇心が出てくる。学生時代は勉強が嫌いで怠けていましたが、渥美先生に出会って人生が変わりました。その意思を継いで、「欧米並みの住まいの豊かさを、日本のそして世界の人々に提供する」というロマンを実現したいと考えています。

にとり・あきお 1944年生まれ。北海学園大学経済学部卒業後、広告会社を経て、23歳で似鳥家具店を創業。1972年にアメリカのロサンゼルスへの家具業界向け研修セミナーに参加し、帰国後に家具のチェーンストアを志して株式会社ニトリを設立。

サマンサタバサジャパンリミテッド会長兼社長

寺田和正

自分はまだまだと思えた。
この本を読むと
勇気が湧いてくる

永守重信
『情熱・熱意・執念の経営 すぐやる!
必ずやる! 出来るまでやる!』

――自分の会社をやりたいという気持ちはずっとあったのですか？

そうですね、中学校2年生ぐらいのときから社長になりたいと思っていました。父が会社をやっていて、その姿を見て父のようになりたいと。ですが僕が次男だったので、中学生のときに自分は後を継げないというのが分かり、だったら自分の会社を作ろうと。

大学時代にカナダへ留学したときに父が倒れて、自分で稼いで留学を継続していくことにしたんです。向こうで流行っていたレザーのジャケットとかを日本に持ってきて販売したり、家庭教師の派遣をやったりするのが始まりでしたね。ビジネスとしては。

カナダでは、日本の半額くらいで革ジャンが売られていたんですね。日本で20万円くらいのものが10万円ぐらいで売られていたりする。安いから、日本から来た観光客が買って帰るんですよ。でもカナダ人向けだったので、袖が長かったりした。どうやったらもっと日本で売れるかなと思って、工場に行ってサイズを変えてもらおうとお願いしました。ただそのとき21歳くらいだったので、東洋人は顔がさらに幼く見えると思い、ヒゲを生やして、日焼けをして、髪にパーマを当てて、3ピースのスーツを着て交渉に行きました。

大学を卒業してから、25歳のときに会社を立ち上げました。当初は海外のブランドを日本に持ってきて、総代理店として展開するというビジネスでした。初めは4人しかいなかったので、いわゆる大手の商社さんが興味を持たないブランドを探してきて、それに少し付加価値をつけて日本で販売するという感じです。ところが、本国と話をしていていると、自分の子供のように思っていた取り扱いブランドが、やっぱり自分のものじゃないということに気づいたんです。その瞬間に、自分でブランドを作りたいと思った。それでバッグとジュエリーのブランドを始めたんです。

――カナダ留学で学んだことは何でしたか？

僕はずっと人見知りだったんですが、それがカナダで克服できました。自分なりに社交的に、アウトゴーイングになることができた。好き嫌いが激しいのは今でも直ってないんですけど。いつか社長になりたかったので、中学生や高校生のときは、父について回ってゴルフにいったりして社交的になろうと努力していたんですけれども、カナダで自分なりのアウトゴーイングが身についた。自分で交渉しなければなりませんから。相手に「ハゥ・ドゥ・ユゥ・ドゥ?」から始まって、アウトゴーイングにふるまうすべを身に着けたんですね。留学で経営学を学びに行ったのですが、そっちの心構えのほうが勉強になりました。

ビヨンセやペネロペ・クルスにお願いしてプロモーションモデルになってもらうときも、会いに行って、本人と話をしてました。代理店を通さずに、アウトゴーイングに自分から行くんです。そんなことができるようになったのも、カナダに行ったおかげかもしれません。

――どんなときが一番つらかったですか？

25歳で会社を始めてから、だんだん仕事がつまらなくなってきて、それで消費税が3％から5％に上がったときに消費が冷えて、売り上げがグッと下がったことがあったんです。そのときに大きな借金を作ってしまいました。もう、歩いても道路しか見ていないような感じでしたね。

そこで自分なりに決めたのは、自分が好きな人としか仕事をしないようにしようということです。好きな人たちといっしょに、好きなことを究めようと。いっしょに働く人たちも、嘘をつかない人、裏切らない人だけでやってみようと。そうしたら、お金がなくて、いろんなところで頭を下げて、謝って、お願いしてばかりいる毎日だったのに、楽しくて。ドン底だったのに。仲間がいたからですね。

周りに、魔法の言葉をかけてくれる人もいるんですよ。寺田社長はこの業界の宝だと思う、失うのは損失だ、とか。全然そんなことないのに。期待してくれる人がいて、ありがたくて、がんばってみようと思える。僕は究極のポジティブ思考なのかもしれません。こんな経験は、本当に財産ですよね。

――お薦めの本をご紹介していただけますか？

僕がとても尊敬している日本電産の永守重信社長の本です。一代で精密小型モーターの世界トップシェアの会社を築いた永守さんの言葉が、1ページにひとつずつまとめられています。これだと僕のような飽き性の人でもすぐ読めちゃうんですよね。それに、読むと勇気が湧いてきます。

たまたま永守さんと少人数で会食する機会があったんですね。そうしたら、始まって30分くらいで、自分は本当にまだまだだなと思いました。話を聞いてみたら、仕事の量もすごい。僕よりも10倍くらいの仕事量で、執着心は100倍くらいあるんです。自分だって日本発のファッションブランドを作ろうと執着心を持って、限界まで仕事をしているつもりだったんですけれども、打ちのめされた。すぐに書店に行って、永守さんの本を何冊か買いました。

登用される社員の7条件というのがあります。健康管理のできる社員、仕事に対して情熱・熱意・執念を持てる社員、いかなるときもコスト意識を持てる社員、仕事に対して強い責任感を持てる社員、言われる前にできる社員、きついツメのできる社員、すぐ行動に移せる社員。この7つの条件は、社員という言葉を社長に置き換えてもいいと思いました。簡単なようで、忘れちゃうんですよね。

――これからの目標は何でしょうか？

日本を代表する世界的なブランドになりたいというのは変わりません。僕がカナダに留学したときに、向こうの友人や学校の先生がトヨタの車に乗っていて、自慢するんですよ。それが、自分がトヨタになったみたいにすごくうれしくて。ソニーのウォークマンもみんな使っていて、うれしかった。そういう存在になりたい。

日本のファンが、バッグを持って海外にいって、ロスでも上海でもいいんですが、そこで、かわいいね、どこの？　なんて聞かれたらうれしいでしょう。また、ニューヨークには出店していますが、海外の店で現地の人がサマンサタバサのバックを買っている姿を見たら、日本人はうれしい。それが僕にとって究極のゴールなんですね。売上高がいくらというだけではなく、日本を代表するブランドになって、そのブランドをほめてもらっていることが自分をほめてもらっているような気分になりたい。そういうものを作りたいんです。

そのために、3年に一度は「勝利の方程式」を捨てる。そして、今持っているものを早く手放すことで次の成長につなげる。これを心がけていきたいです。

てらだ・かずまさ　1965年生まれ。駒澤大学経済学部在学中にカナダへ留学。観光客に人気だった革ジャンパーに目をつけビジネスを始める。1994年に、バッグとジュエリーの企画から製造販売まで手がけるサマンサタバサジャパンリミテッドを設立。

アルビレックス新潟会長

池田弘

新潟を活性化したい。
道徳と経済は
一致させられる

渋沢栄一『論語と算盤』

――神社の宮司でありながら、アルビレックス新潟の会長もやられています。

神社の息子ですのでお宮を継ぐつもりで18歳のころから神主の修行を始めました。27歳で後を継いだのですが、地域のシャッター商店街を目の当たりにして、何かをしなければと思ったんです。小さな神社ですから、これを発展させるというのもなかなか難しい。どうすれば故郷を活性化できるかと考え、教育事業を始めたんです。専門学校や大学などの高等教育機関があれば、若者が新潟に残るでしょう。だから、江戸時代に神社やお寺や庄屋さんが寺子屋を開いたように、教育事業をやろうと考えた。

専門学校にもいろいろあって、時代の流れや技術の変化に合わせて、スペシャリストを養成しています。ＩＴブームのときにはシステムエンジニアやプログラマーを、アニメブームのときにはアニメーターを養成する。どちらかというと、ブームを仕かけるように学校を展開していて、アニマルセラピーを日本に導入して専門学校を始めたりしています。

専門学校の教育内容を工夫していくうちに評価されるようになりました。資格試験の合格率や、コンクールでの入賞などで知られるようになり、県外からも学生が来るように。もう34年間教育事業をやっていますが、大学、大学院、専門学校、高等学校は合わせて33校あります。それから社会人のための教育機関や、病院、福祉施設などは合わせて50施設ほど。

そうした事業が評価されて、サッカーチームの経営者として声がかかったわけです。

――サッカーについては詳しかったのですか？

いいえ、素人同然でした。サッカーの発信力というのはすごくて、鹿島アントラーズが優勝争いにからめば、茨城県の鹿嶋市は全国から注目されるし、訪れようという人も増える。海外ではイギリスのリバプールとかマンチェスターもそうですよね。新潟もそうやってサッカーで活性化できないかと考えたわけです。Ｊリーグを目指すチームを作り、ワールドカップ開催を誘致する。そんなチャンスはなかなかないですから。サッカーチームを育てていく事業は大変ですが、私に白羽の矢が立ったので、社長を引き受けたんです。

クラブチームを運営するのはベンチャー企業を経営することですから、何事も一から立ち上げていかなくてはならなくて、苦しい局面は何度もありました。試行錯誤しながら乗り越えることで経験を積んでやってきた。私は失敗というものはないと思っているんです。どんな失敗も乗り越えれば経験になりますから。

新潟は全国の中でもあまりサッカーが普及していない地域で、多くの人にとって身近ではなかった。そこが難しいところでした。でもアメリカのワールドカップで9万人規模のスタジアムが満員になっているのを見て、とても感動したんです。それだけ多くの人が熱狂できるイベントが新潟で開かれたら、地域の人たちに大きな影響を与えるにちがいないと。

――アルビレックス新潟は２００３年にシーズン66万人動員という当時の記録を打ち立てました。どうやって地元に根付かせたのでしょう。

ワールドカップ開催が決まって、４万２３００人のスタジアムが建設されることになりました。Ｊ２に昇格したけれども、３０００～４０００人くらいしか見にきてくれないんです。どうしたらファミリーや女性や高齢者の方に来てもらえるか。まずは一度スタジアムに足を運んでもらおうと、１万枚の招待券を配ったんですね。町内会やＰＴＡに協力してもらって。満員のスタジアムというのは新潟の人たちは経験がないけれども、その熱狂を味わえばサポーターになってくれるのではないかと。

実際、満員のスタジアムには大きな感動がありました。チームも、満員のスタジアムで試合をするという経験がなかったですから、それまで以上の力を出してくれて、最後の最後まで走って、とってもいい試合をした。サッカーを知らない人が見ても感動がありました。人間が本当にギリギリのところで一生懸命試合をやるんですから。

今では、多くの家族が後援会に入ってくれて、シーズンパスを購入してくださり、チームの勝ち負けで自分のことのように涙してくれているんです。地域のアイデンティティーになってくれたかなと。選手がドイツリーグに移籍することになって、手ごたえをさらに感じています。

渾身の努力をさえ尽くしておれば、
精神的事業においての失敗は、
決して失敗ではない。

渋沢栄一『論語と算盤』より

——池田さんお薦めの一冊は、日本の近代資本主義の父と言われる渋沢栄一の談話集ですね。

『論語と算盤』です。初めて手に取ったのは20歳のころですが、難しい本だなという印象でした。本格的に渋沢栄一さんを意識するようになったのは15年くらい前で、事業を営むうえで経営とは何ぞやと考えて行き詰っていたころ。神主をするうえでもこの本がヒントになりました。

中国の孔子の「論語」を道徳、算盤を経済にたとえて、「道徳と経済は一致するべき」ということを語っているんです。私にとって事業は、地域の活性化を目的としているので、これを成功させることは道徳でもある。一方で、資金を投入して利益を出さなければ回っていかない。それが一致するべきだというのは、自分の考えと重なるところでした。これから事業などにチャレンジする人にこそ読んでもらいたいですね。

渋沢さんは明治政府を辞めて企業や商工会議所や学校を作っています。それで、自分に近い存在だなと勝手に思っているんです。生涯で５００の企業を作ったと言われていて、じゃあそれを超えられるようにがんばろうと、「異業種交流会５０１」という会を作ったんです。私の場合は新潟を活性化して、日本一、世界一の街にしようというのが目標です。

いけだ・ひろむ　１９４９年生まれ。國學院大學神道神職養成講座修了。１９７７年に愛宕神社宮司となる。ＮＳＧグループ代表、新潟総合学園総長・理事長、アルビレックス新潟会長を務める。

第4章

人生の転機にのぞむ人へ

松竹社長

迫本淳一

「なぜ?」と
問いかけることが
戦略や戦術よりも重要

ガルリ・カスパロフ『決定力を鍛える』

――国際派弁護士から転身し、文化と娯楽の老舗企業へ1998年に入社した。迷いはありませんでしたか？

前の会長から「手伝ってくれ」と言われたのですが、自分でも想定していなかったので、ものすごく迷いました。アメリカのロースクールにも行ったし、やりたいこともいろいろあったので、正直、弁護士の仕事には相当未練がありました。

でも、ものすごく迷ったときは苦しいほうを選びます。そのほうが後悔する割合が少ないような気がするんです。実際、松竹に入ってみたら、会社の状況は想像以上に厳しく、自分にどれくらいのことができるか分からなかったけれども、声をかけてもらったことに男気を感じたんです。

今振り返ってみると、弁護士と経営者にはそれぞれの面白さがあります。弁護士は自分が思い立ったらすぐ動けるが、会社の場合は組織なのでそうはいかない。また、弁護士はクライアントを立てる黒子としての役割があるが、経営者は自分が出て行かなければならない。どちらのほうが向いているかは分からないけれども、自分がやってきたことに対してあまり執着しない性分なので、パッと切り替えられました。

松竹では、お客様に感動していただくことが商売ですが、これはほかの職業では味わえない喜びがあります。見ず知らずの方から、「自分の会社が厳しい状況だったけど、映画の寅さんを見てがんばろうって思ったんだ」なんていう話が聞けたりするんですから。

――厳しい経営状況にあった松竹をどのように立て直したのですか？

私ひとりで改革したわけではないですよ。でも、途中から入ってきた人間のほうが客観的に見られることもあります。例えば撮影所の売却。我々にとって撮影所は象徴的なものですから、理屈では分かっているのですが、愛着もあって、みんななかなか割り切れない。かつては私の祖父が所長として力を入れたところでもあり、売却の決断をせざるをえなかったのは、とても残念なことでした。気持ちを切り替えて前に進むのはとても難しいことです。

最初に取り組んだのは財務面の改革でしたから、骨組みが見えやすく、比較的やりやすいものでした。会社を持続的に成長させていくことは並大抵のことではありません。これからは、もっと、強い人材を育てていかないといけない。そういう意味では、まだまだ道半ばですね。

――お薦めされる一冊は、なんとチェスの本だとか。

そうなんです。チェスのチャンピオンが書いた『決定力を鍛える』という本です。著者は22歳で世界チャンピオンになって、コンピューターと対戦したこともあります。勝負強さとはどういうことなのか興味があって読んでみたのですが、驚きました。チェスというと、論理的で、戦略や戦術が勝負の分かれ目なのかと思ったら、失敗から自分の弱みが何かを考えたりして、ものすごく人間臭いんです。しかもひとりで戦うのではなく、チームで過去の成績を分析したりするので、チームプレーも大切なんですね。

そして、チェスのチャンピオンがたくさん紹介されているんですけど、百人百様なんですね。みんなやり方が違う。だから、人間の人生は比べられないし、成功の仕方も百人百様なんです。そこが面白くて。チェスだけでなく、人生そのものにも当てはまる。

最も感銘を受けたのが、「なぜ？」と自分に問いかけることの大切さ。戦略や戦術よりも、「なぜ？」と問いかけることのほうが、過去を反省し、前に進むうえで重要なんです。「なぜ？」と思えなくなると、進歩が止まる。老いの始まりです。なぜ良かったのか、なぜ悪かったのかを考え続けることが、新しい物事を切り開いていく。

『決定力を鍛える』というタイトルなんですが、決定とはプロセスの積み重ねなので、決定力を鍛えるためにはどうやってプロセスを踏んでいくのかが重要ということが分かる。だから、仕事や私生活で思うようにいかないことがある人は、この本を読めば何かのヒントを得られると思う。非常に人間臭いので、読むと元気になりますよ。

――この本を手に取ったきっかけは何だったんですか？

〝なぜ？〟こそは、
職務を果たすだけの者と先見性のある者を、
単なる策士と偉大な戦略家を
分かつ問いである。
自分の戦略を理解し、発展させ、
そのとおりに実行したいのなら、
たえずこの問いをいだかなければならない。

ガルリ・カスパロフ『決定力を鍛える』より

実は、陸上競技の為末大選手から贈られたんです。以前、為末選手と「勝負強さ」について話をしたときに、「自分がコントロールできないものに責任を転嫁しない」とおっしゃっていて、なるほどと思いました。確かに、良いタイムが出なかったのはトラックの状況が悪かったからだ、などと考えていては、進歩できないですよね。勝負強い人は、常に自分の中に原因があるのではないか、と反省するものなのだと感心したわけです。

そして贈っていただいたこの本を読んで、「なぜ?」と自分に問いかけることも重要であることが分かった。非常に興味深くて、勉強になりました。

繰り返しになりますが、私たちの仕事はお客様に感動していただくことです。ありがたいことに、歌舞伎座の建て替えで「さよなら公演」をやったときには、たくさんのお客様が来てくださいました。『武士の一分』のような時代劇映画がヒットし、『おくりびと』ではアカデミー賞外国語映画賞もいただきました。幸せなことです。そして、「なぜ」喜んでいただけたのか、きちんと考えながら、この仕事を続けていきたいと思っています。

さこもと・じゅんいち　1953年生まれ。慶應義塾大学法学部を卒業し、1993年に弁護士登録。1997年にはカリフォルニア大学ロサンゼルス校のロースクールで法学修士を取得。1998年に松竹顧問に就任し、2004年から代表取締役社長。

書道家

武田双雲

書に興奮し、会社を辞めて書家になろうと決めた

心屋仁之助
『人間関係が「しんどい！」と思ったら読む本』

——書道家になられたのはどういったきっかけだったのでしょうか。

母親が習字の先生で、小さいころから習っていたのですが、普通に就職して働いていました。でも今から10年ほど前に、母親の書いたものに鳥肌が立ってしまって、ホームページを作って公開したんですよ。それから、実は自分が書道をやりたくてうずうずしていたことに気づいて、自分も頼まれて書くようになったんです。営業部のおばちゃんにお客さんに出す書をお願いされたり、社訓を頼まれたり、名刺を書いてくれと言われたり。書いて渡したらみんなが感動してくれて、あまりにもうれしくて、その場で辞表を書いたんです。これはもう我慢できん、この興奮は抑えられん。会社を辞めて書道で生きていくと決めました。

未来が見えたんです。名刺も、表札も、看板も、パソコンの字ばっかりだったんで、筆で書けばすごいことになるんじゃないか、と。人の心を動かすことができて、それがビジネスにもなったら最高じゃないかと。

——会社を辞めるときは迷わなかったのですか?

迷わなかったです。25年間ためていたものに火がついた感じ。不安が出てきても、すぐに消えてしまう。興奮して眠れなかったです。電車で芸術や書道の本を読んでいたら、気がついたら終点の駅だったり。

辞表を出すときは、周りのみんなから止められたんですけれども、日本だったら飯が食えなければバイトすればいいし、別に死なないと思ったんですね。書道ができればいい、なんとかなる、と。ただ、最初から順調ではありませんでしたよ。家で書いても誰も見てくれないから、ストリートに出てみたり。エネルギーだけはあったから、自分の夢を書いてホームページにアップしたり。うまくいかない日が続いたけれども、何も苦にならなかった。

——企業からの依頼で書くときはどのようなことを考えますか？

映画のタイトルとか、商品のロゴを書くときは、発注がくる時点で熱い思いがあるんです。こちらもそれに応えなければならない。自分もいっしょになってこの商品を届けたいと思うし、魅力を何倍にもしたいと思う。それで、作り手にたくさんヒアリングして、その思いを聞くんですけれども、それよりも受け取る人のことをひたすら想像するんです。この商品を手に取る人はどういう生活をしているのか、どういう気持ちで使うのか。そうやって自分のエゴを限りなくゼロにして、受け取る人になり切れるか、なんです。もちろん作り手の気持ちも考えますが、それだけだと視野が狭くなるので、受け取る人がどう心を動かすかにフォーカスします。

もちろん、発注する側としては、武田双雲らしさを期待しているかもしれません。ただ、自分のエゴを消すというのは、独りよがりの気持ちを消すということなんですね。

――そんな武田さんがお薦めの一冊は？

『人間関係が「しんどい！」と思ったら読む本』です。心理カウンセラーの心屋仁之助さんが書いたものです。僕は書道のために、いろんな人の喜びや悲しみや苦しさを知りたいと思っています。心の機微が作品の素材なので。だから、自分の書道教室の生徒さんから吸収したり、こうした心理カウンセラーの本を読んだりしているんです。心屋さんの本は、学問チックではなく、人はなぜ苦しいのか、なんで人間関係がしんどいのか、ごちゃごちゃした部分を整理してくれる。これは、1000人以上のクライアントと向き合ったカウンセラーが、気持ちを楽にして生きるヒントをまとめた本ですね。

例えば、自分が苦手としている人から自分のことが分かる。この人のこの部分がイライラする、気分が悪くなるということは、自分の中にも同じような部分があって、それが嫌なんだということ。他人は鏡なんですね。

正解とは何かにこだわらないほうがいい、というメッセージも納得しました。正解か間違いか、成功か失敗かなんてこだわらないほうが、自分らしく生きられる。そのときは失敗だと思ったことが、後で成功につながることもいっぱいあったし、うまくいったと思ったことが後で全然ダメだったり。成功と失敗はすぐにジャッジしないほうがいい。

今まで、いったい何通りの選択肢を
捨ててきたのでしょう。
これから、いったい何通りの選択肢を
捨てていくのでしょう。
選択肢はネズミ算式に、無限にあります。

心屋仁之助『人間関係が「しんどい!」と思ったら読む本』より

――武田さんはどのような書を目指すのでしょうか？

ほかの書家が何をやろうとしているのかは分かりません。僕は空気が読めないみたいで。僕がやりたいのは、多くの人の心を動かし続けたいということ。それだけなんです。それで多くの人の人生が良いほうにいけばいい。おせっかいですけどね。元気になってほしい、人生をもっと楽しんでほしい、夢を持ってほしい、幸せをもっと感じてほしい。

美しさを表現したいんですけれども、美しさにもいろんなものがある。汚いの中にきれいがあり、きれいの中に汚いがある。

――書道は世界でも受け入れられますか？

書に国境はないんです。それはビートルズに世界中の人が感動するのと同じで。海外の人たちの反応はストレートですよ。涙を流している人もいるし、「ヘイ！」と言って鳥肌を見せてくれる人もいる。素直に受け止めてくれますね。ザンビアでも、コートジボワールでも、世界中の人の人生を変えたいです。

たけだ・そううん　1975年生まれ。母である武田双葉に師事。ストリート書道家としてスタート。NHK大河ドラマ『天地人』のタイトル題字などの作品で知られる。著書も多数。

華道家

池坊由紀

学生のときに京都を離れ自分のやるべきことが見えた

ローズ・F・ケネディ『わが子ケネディ』

――いけばなでは、どのような考え方で花を生けるのでしょうか。決まりがあるのですか？

流派によっていろいろ解釈の違いもありますが、決まりがあるところが多いですね。決まりというのは、昔の人がどういう美意識や自然観を持っていたのかを、分かりやすく示したものだと思います。池坊では、16世紀に家元の池坊専応が記した「専応口伝」の中に基本的な考え方がまとめられています。真っさかりの花はもちろん美しいけれども、それだけではなく、つぼみや枯れた葉っぱにも美しさがあるということを知り、それを尊重して生かそうとする。表面的な目に見える形や色の美しさだけではなく、この世にあるすべての命の、すべての姿に美を見出すという、包容力のある見方で、命を丸ごと見つめていく姿勢です。

また省略と凝縮という考え方もあります。例えば10を表現するときに、10の材料を並べるのではなくて、1か2ぐらいにするんです。1か2しかないので、足りないわけですけれど、その足りない部分を見る方の想像力で補ってもらおうというところがあるんですね。材料が少ないからこそ、思いが凝縮されていて、見る方の教養や姿勢も求められるかもしれません。

つぼみを取ったり枝を払ったりするのはとても悲しく、申し訳ないことをしているように思えますが、やはり自分が輝かせたいと思ったものをより良く見せるためにほかのものを整理する作業は必要なんですね。これは別にいけばなだけじゃなくて、あらゆる仕事でもあること。選択と集中が大切なのではないでしょうか。

花や木というのは、例えば同じ桜や松という名前は付いていても、1本1本すべてが違うわけです。自分自身も、やはり昨日の自分と今日の自分では違っているし、今日の自分と明日の自分も違う。常に変わっていて、何ひとつ同じではない。それが生きているということ。ですから、いけばなとは、その生きているもの同士の出会いなんですね。

――家元に生まれた身として世襲しなければならない状況をどうとらえていましたか。

小さいころは本当に、こういう立場だということが重くて。社交的ではないし後を継いでも自分にできるだろうかとか、自分にはほかに道があるのではないかとか、いろんなことを悩んでいた。でも大学生になって京都から離れたことで、そういった悩みが自分の単なる自意識過剰のせいだったと思うようになりました。京都には同じような境遇の方がいっぱいいるんですよね。先代から伝統をきちんと受け取って、それを次に渡すという「継続」を主眼に置いた家や企業がたくさんある。そういう意味で、ずっと自分だけが苦しいと思っていたことは大きな勘違いだったんだということに気づきましたね。

20代で次期家元に指名されてからは、いい意味で吹っ切れたところはあります。勉強しないといけないことや、やらなきゃいけないことが次から次へと現れて、悩みに浸っている暇がなくなりましたし、目の前にあることをクリアしていかないといけない状況になった。池坊では

550年以上の歴史の中で初めて女性の家元になるわけですが、そのことについてはあまりプレッシャーはないですね。時代的にも女性がどんどん社会で活躍されるようになってきていますし。結婚したり子育てしながら、あるいは両親の介護をしながら、いけばなを学んでいらっしゃる女性を、小さいころからたくさん見ています。いい人生の先輩がたくさんいるんですね。

――みなさんにお薦めしたい本は？

アメリカのケネディ大統領のお母さんが書いた『わが子ケネディ』という本です。これはもともと私の母の本棚にあったのを見つけて読んでみたんです。ケネディ大統領についてはいろんな本が出ていますが、ある意味一番近くにいたお母さんが母親の視点から書いたものですね。ほかの兄弟たちのエピソードや、育て方の話も載っていて、育児の本としても面白い。彼女は子供を育てることにとても誇りを持っているんです。このケネディのお母さんのローズ自身がとても魅力的で、苦しいときやつらいときに立ち向かっていく強さというのは、本当に強い感銘を受けました。

一家から大統領が出るという栄光を体験している一方で、子供が暗殺され、こんなにつらいことはないのではというぐらいの苦労もしている。その都度、それをたくましく乗り越えて、前向きに生きようとしているんですね。とてもすばらしいなと思いました。かわいらしいエピ

私は孫たちが、人生の時間が短く、
あらゆる日も、あらゆる時間も
貴重であることを理解するよう望む。
生きている間、その義務と美しさにおいて、
完璧に生きることを希望する。

ローズ・F・ケネディ『わが子ケネディ』より

ソードもたくさんあって、ローズはたくさんの子供に恵まれるんですけど、ご主人に向かって子供たちが窓から「お父さん、また赤ちゃんが生まれたよ」と順番に言うシーンとか、日常生活のさりげない1コマをとっても生き生きと描かれている。

私が一番好きなのは、この本の最後で、彼女が自分の孫たちに対して言う言葉ですね。人生は短く、その時間は貴重である、と。悩んだり苦しんだりしているときは、もちろんそれ自体深い意味があると思うけれども、一方で違った見方をすれば、時間を浪費していることにもなる。悩んでいる間にもしかしたらほかにできることがあるかもしれないのに、前向きに頭を切り替えることができず、悩みに没頭してしまう。犬が自分のしっぽを追いかけてグルグル回っているような状態ですね。そういう時間は、やはりもったいない。ありとあらゆる時間が貴重だから、自分に与えられた時間を、それぞれが与えられた使命を全うするように使っていかなくては。と、自分自身の反省を込めて思ったわけです。だから、ちょっと自信をなくしている方とか、今壁にぶつかって状況が見えなくてつらいなと思っている方に、これを読んで元気になってもらいたいです。

いけのぼう・ゆき 華道家。池坊次期家元に指名。2004年京都市芸術新人賞。2007年財団法人日本いけばな芸術協会副会長に就任。

クオンタムリープ代表

出井伸之

好きなことに打ち込んで時間が足りない

日高敏隆＋中尾正義 編
『シルクロードの水と緑はどこへ消えたか？』

——ソニーを10年間率いた後、２００６年にベンチャー支援などを行う会社を立ち上げました。ソニー時代と生活は変わりましたか？

すごく変わりました。ソニー時代はね、ソニーのために働かないといけない。ソニーが主役で、社長といえども助ける役。今は小さい会社だから、自分の好きなことをやっている。忙しさは同じくらいなんですけれども、会いたい人に会っていますし、好きなことに打ち込んで時間が足りないという感じ。

趣味はたくさんあって、本を読んだり、ゴルフをしたり、人と会ったり、お酒を飲んだり。本はね、買っておくのが好きなんです。まとめ買いして、多いときは2万円くらい。読まずに積んでおいて、何か困ったことがあったときに自分の本棚を見るわけ。それで、問題を解決するカギがそこにあったときのうれしさね。さすが自分は先見の明があったと。あと、週末はマンガを読んでリラックスしたりね。

ソニーのころはね、すごい時期だったと思う。会社も生命体なんだよね。自分も生命体だけど、会社の生命維持装置みたく全力を尽くしてやらないといけないという感じです。だって世界中でビジネスが行われているわけだから、トラブルも24時間あるわけでしょ。そのころの広報の担当者に「出井さん、このままでは畳の上で死ねませんよ」って言われて、そうだなぁと思ったことがありましたね。ソニーの社長になったときは、よくアメリカ人の社長さんに、おめでとう、これからジェットコースターに乗るようなものだねって言われたなぁ。ディズニーやＩＢＭの社長とか、みんな同じこと言ってましたね。ジェットコースターだって。その通りなんですけど。

いろいろ失敗もしました。成功はすぐには分からないけど、失敗は分かりやすいし、マスコミも書くでしょ。僕はソニー時代から、失敗をリストに書いていました。種類ごとに９つのブロックに分けて、紙に書いていくんです。でも、その失敗を書いたリストをなくしちゃったんだよね。それが最大の失敗かも。

まあ、失敗すればマスコミにいろいろ書かれる。家族がかわいそうだよね、電車に乗ったら中吊り広告に悪いことといっぱい書いてあったりするんだから。でも、記事は憎んでも、記者は憎まずっていつも思っていたからね。記事そのものはちくしょうって思っていても、新聞社とか放送局とか憎んでも仕方ないじゃない。

――クオンタムリープでは何に取り組んでいますか？

だんだん年を取ってくると、自分がリーダーであるより、若い人を助けたり、こっちがサポーターの立場でいられるように変わってくるよね。30代や40代の生意気盛りよりも、人間としての生き方が変わってくる。今この年で、自分が天下を取るみたいなことを言ったらおかしいじゃない。いろんな人をサポートしたり、踏み台になることに意義を持ったりしますね。

例えば、この人に、この会社のトップを紹介しよう、とか。それもサポートのひとつ。相手がその年代じゃ絶対に会えない人に対してドアを開けてあげることは、僕にとっては簡単だけど、必死に泳いでいるその人には難しいこともある。そういった架け橋になることも趣味のようなものかな。

僕はソニーを卒業してから、日本の競争力についてさらに真剣に考えるようになった。社会というのは、新しい会社が出てこないとダメ。新しい会社というのは、若い人がやっても年寄りがやってもいいんだけど。そういう若い会社を自分でやってみて、日本がこれからどう変わるべきかという仮説を考えるようになり、自分の本の中にも書いた。それに、新しいことをしたほうが面白いじゃない。日本では定年になると老後はどうするかという話になるけれど、経験を持っている人がやらないのはもったいない。同じように考えてくれるおじさんたちが出てくればいいとも思っている。リタイアは考えていません。芸術家だって辞めたりしないでしょう。ミケランジェロも最後まで彫刻家だし。

新しい会社を作ることは意義があるし、サポートしていきたい。中国の会社が元気に見えるのは、過去がないからですよ。会社を作ったばかりだから勢いがあるわけです。日本の会社は歴史があるけれど、リストラの最中だったりする。そうじゃない、新しくて伸び盛りの会社を日本のためにも支えたいですね。

——出井さんお薦めの一冊は、シルクロードの本だとか。

『シルクロードの水と緑はどこへ消えたか?』という本です。専門家6人が書いたもので、シルクロードはかつては砂漠ではなかったと指摘しているんですね。僕はシルクロードが好きなんだけど、そのきっかけは30年ほど前に出た篠山紀信さんの写真集。あれで魅力に引き込まれた。

シルクロードというと、何回も取り上げられたテーマだって思うかもしれないけど、実際には分かっていないこともたくさんある。僕はシルクロードの本を何冊も持っているんだけど、これを選んだのはタイトルだね。かつては砂漠じゃなかったというのが考えさせられる。今は地球温暖化をはじめ、環境について取り組まなければならない問題があるでしょ。どうしてシルクロードにあった水と緑が消えて、砂漠になっちゃったのか。これは考えると面白い問題です。長期的に地球は水危機に見舞われるから、なおのことですよ。

シルクロードを旅するのが夢なんですね。シルクロードにチャレンジした人っていっぱいいるじゃない? 平山郁夫画伯とか、雅楽の東儀秀樹さんとか、瀬戸内寂聴さんとか、チェリストのヨーヨー・マさんとか。みんな、仏教はどこから来たのかとか、この楽器はどこから来たのかとか、そういったことに興味を持って旅をした。日本のこれからを考えるうえで、日本人はどこから来たかを考えて旅ができたらすごく面白い。ヨーヨー・マさんは、シルクロードに夢中になって自分の楽器をタクシーに忘れたこともあったそうですよ。それくらい没頭してしまうんです。

――この本はどういった人に薦めたいですか？

日本人が海外に目を向ける場合、つい、アメリカやヨーロッパが先になってしまう。特に僕らが若いころはそうでした。でも、今の若い人には、アジアにも注目してほしい。日本人はどこから来たのか、この本を読んで考えてほしい。

企業に元気がない、と言ってみても意味がないと思う。今は大きな企業だけでなく、新しいNPOもたくさんできているし、世界に対して目を開くときだと思う。その第一歩として、アジアを見てほしいんだ。

いでい・のぶゆき　1937年生まれ。1995年、「役員14人抜き」で6代目のソニー社長に就任。10年間ソニーを率いる。2006年にはコンサルティング企業クオンタムリープを設立。代表取締役として活躍。

フォーバル会長

大久保秀夫

「人ありき」に衝撃。
適切な人を選べば
管理する必要はない

ジェームズ・C・コリンズ
『ビジョナリーカンパニー2 飛躍の法則』

――電話機の販売などを行う会社を25歳で設立し、当時としては最年少・最短で株式公開を果たしました。現在力を入れているのは？

日本の中小企業をいかに元気にするか。そのために、カンボジアやベトナムなどの成長著しいアジア諸国への進出をバックアップしています。情報通信やオフィス移転、経営についてのコンサルティングなど、トータルで企業経営を支援する「アイコン」というサービスも手がけています。

創業したのは1980年ですが、そのころは電話機は選べず、通話料金も高かった。電話機の自由化、市外や国際料金値下げなどに挑戦して、ソフトバンクとの合弁で「BBフォン」の法人向け販社を設立したこともあります。スマートフォンが、電話機の内線電話としても使える「ツーウェイスマート」の開発・販売など、「情報通信コンサルタント」としての挑戦は今でも続けています。

――そんな大久保さんがお薦めする一冊とは？

『ビジョナリーカンパニー2 飛翔の法則』という本です。アメリカの経営学者であるジェームズ・C・コリンズが書いたものです。あのピーター・ドラッカーを師と仰ぎ、直接アドバイスを受けた〝ドラッカーの教え子〟のような方ですね。この『ビジョナリーカンパニー』はシリーズになっていて、今まで3冊出ているのですが、ここではあえて2冊目を紹介したいと思います。

今から5年前、会社が25周年を迎えたころ、『ビジョナリーカンパニー』の1冊目に出会ったんですね。25周年というと、「100年計画」の第一コーナーが終わったところ。これからどうするか毎日毎日考えていた。たまたま日経新聞で見つけて読んでみたら、すごく面白かったんです。『ビジョナリーカンパニー』の1冊目は、読むと、すーっと自分の中に入ってきた。とても納得できたんです。だから2冊目も面白いだろうと思って手に取ったら、とんでもない、何じゃこれは、と驚いたんです。僕の価値観を引っくり返しました。1回読んだだけでは分からなかったから、2回、3回と読み直して勉強しました。

それまでは、経営とは、事業計画を練って、それにふさわしい組織を作って、人を採用すると考えていたんです。ところがこの本では、偉大な企業というのは、先に人ありきだというのです。事業計画なんて後だと。大変なショックでした。頭の中が整理できなかったぐらいです。

――経営に対する考え方が変わるほどの衝撃でしたか？

そうですね。今まで自分がやってきたこととは違うことが書いてあったので、それはショックでした。

偉大な企業への飛躍をもたらした経営者は、まずはじめにバスの目的地を決め、つぎに目的地までの旅をともにする人びとをバスに乗せる方法をとったわけではない。まずはじめに、適切な人をバスに乗せ、不適切な人をバスから降ろし、その後にどこに向かうべきかを決めている。

ジェームズ・C・コリンズ『ビジョナリーカンパニー2 飛躍の法則』より

この本では、「良い」企業が「偉大な」企業へと飛躍するための秘訣を、膨大な調査をもとに明らかにしているんです。ここで述べられている偉大な企業と比べたら、自分は安易に人を選んできたのかもしれないと思いました。甘く採用してきたのかもしれない、と。この本を読んでからは、人に対する見方や、採用というものに対する厳しさが、自分の中で変わった気がします。

人をいい加減に扱ってはダメなんです。経営において、人を「手段」と思ってしまったら、「調整弁」として苦しいときにクビにしてしまったりする。安易にそう考えないように、人を軸にしなければなりません。事業を軸にすると、人がそのための手段になってしまいます。

――本の中では「バスに誰を乗せるか」という表現をしていますね。

「まずはじめに、適切な人をバスに乗せ、不適切な人をバスから降ろし、その後にどこに向かうべきかを決めている」というくだりはすごいです。適切な人をバスに乗せれば、管理はいらない、とも言っています。人を管理するのではなく、システムを管理するのだと。これも衝撃的でした。僕は人を管理していましたから。頭をがーんと殴られたような衝撃でしたね。

蛍光ペンで印をつけたり、赤ペンで線を引いたりしていたら、ページが真っ赤、真っ黄になってしまいましたよ。

――どういった人に読んでもらいたいですか？

この話は、組織だけでなく、個人にも当てはまるでしょう。悩んでいる企業の経営者、社会起業家だけでなく、一般の人にも読んでもらいたいです。今のように混沌として厳しい時代だからこそ、読む価値が大きい。

経営者向けの講演などで全国を飛び回っています。この本の話もしますよ。みなさん、人を調整弁にしていませんか？ いい加減に人を採用したら、結果として人を調整弁にしてしまいますよ、と。

おおくぼ・ひでお　1954年生まれ。國學院大學法学部卒業。1980年に新日本工販（現・フォーバル）を設立。1988年に当時の最速記録で店頭公開。2010年に社長を退き会長に就任。

作家

阿川佐和子

本を読むのは苦手だった。作家が自著について多くを語る必要はない

――小説やエッセイを書いたり、司会やインタビューをされたりする中で、どの仕事をしているときが一番しっくりくる?

実は、どれもしっくりきていないのですが、どの仕事も自分のためになっているんですね。例えば、報道番組はあんまり合っていなかったかもしれないけれども、報道におけるものの考え方や取材の仕方は、とても勉強になりました。おかげで今やっているインタビューの仕事で

もその経験が役に立っていて、続けられています。インタビューで普段会わないような人に会うと、とても得るものが多いです。自分はまだ甘いと感じたり、小さな悩みが吹っ飛んだり。

書く仕事は、一方で自分の体の内側からえぐり出すような作業ですけど、これも得意ではないというか、なんとかやっているという感じ。自分に才能があるかどうかは分からない。でも、続ける以外にはないと。「もうお前はクビだ」と言われるまで続けることが、自分にとって力になると信じています。

――週刊文春のインタビュー連載はもう800回を突破。実は私、今日はインタビューの極意を聞いてこいと言われています。

もう、やめてくださいよ。週刊誌の連載は私だけの力ではなくて、編集や構成の力もあります。テレビでも同じですが、インタビュアーひとりの力ではできないんです。ただ、聞き手の役割としては、生身の人間を相手にしているわけですから、いかに機嫌よく話してもらえるか、この人にになら話してもいいなと思ってもらえるか、ですよね。話をしている人って、相手がちゃんと聞いているかどうか分かるでしょ。ニコニコしながら「すばらしいですね」って相槌を打っているけれども、頭の中で次の質問を探していると、すぐバレちゃう。すると話す側は、じゃあ短めにしよう、となる。

――執筆の仕事を始めたのは、やはり作家であるお父様の阿川弘之さんの影響ですか？

私は小さいころから、物書きの子供に生まれた者は不幸だと思っていたんですよ。用事がない限り父が家にいるので、静かにしろと言われて大きな声も出せない。いつ怒られるかというプレッシャーは大きかった。あと、こんなことを言うのも恥ずかしいのですが、本を読むのが苦手だったんですよ。父には本を読まないと立派な大人になれないと言われるし、母も本を読むのが大好きなんですけど、私自身は本を読み始めても2ページくらいで眠たくなったり、トイレに行きたくなったり。国語の授業もあまり好きではなくて、作文でほめられたことは1回もありませんでした。

それでも、父が物書きだから娘にも書かせてみようと考えた人がいたようで、依頼がきたんです。そうしたら、娘がひどい文章を書いたら俺が恥ずかしくて死んでしまうと思ったのか、父に原稿を添削されました。編集の方に見せる前に俺に見せろと。でも、そのとき添削されたことは、今でも役に立っています。今は本や雑誌に載ってから、父に見せるようにしていますけどね。

作家の中には、書いているだけで幸せですという方や、読むのが好きで、自分が読みたいものがなくなったので小説を書くようになりましたという方がいらっしゃるんです。本当に尊敬しちゃいます。

――書く仕事を続けてきて、活字と向き合う気持ちや姿勢は変わりましたか？

エッセイと小説とでは違うのですが、エッセイの話をすると、私は「セロリで10枚」を信念にしているんです。つまり、例えばセロリというお題目を与えられて、それで原稿用紙10枚書かなければならないとしたら、セロリが別に好きでなくても、セロリ料理をそんなに知らなくても、何とか自分の脳みそから絞り出して原稿用紙を埋めるのが文章力というものではないかと。しかも、読んでいる人が、「なるほど」とか「あるある」とか感じながら引き込まれていく。それが、セロリでもトマトでもキュウリでもできなければならない。なかなか難しいのですが、このテーマなら書きますが、このテーマなら書きませんというのでは、まだまだだなって。

――小説についてはいかがでしょう？

小説の場合は、それこそ作家の方によって姿勢が違うでしょうけれど、私は書き手が作品のテーマや解釈について多くを語る必要はないと考えています。この間、『きことわ』で芥川賞を受賞した朝吹真理子さんのことを小さいころから知っているんで、真理子さんのお母さんにばったり会ったら、うちの子が小説を書くようになったのでご指導よろしくねと言われたんです。「いえいえ」なんて応えて間もなく芥川賞ですから、指導なんかしなくてよかった。もうこっちがご指導をお願いしたいくらい。その朝吹真理子さんと話をしていて面白かったのが、「この小説のテーマは何ですか。何を訴えたかったんですか」と質問されても、そうしたことを説明するのは作者の役割ではないと思うと言っていたんです。読者が小説から何を感じ、何を得て、どんな影響を受けるかは、読者が決めることであって作者が限定してはならない、と。それを聞いて私も安心しました。思いもよらない解釈をされることもあるけれど、それが読者の喜びになるのであればいいんだと信じています。

――3年ぶりの小説『うから　はらから』を読ませていただいて、血のつながりって何だろう、人のつながりって何だろうと考えさせられました。

結婚もしていないのに言うのも何ですけれど、血がつながっていなくても家族のような関係は成立するんじゃないかと。そういう気持が自分の心のどこかにあるのかもしれません。例えば、私の理想かもしれないですけど、別れた夫婦がずっと険悪な仲である必要はなくて、いい関係でいられるとか。血がつながっていなくても生涯関係を大事にしたいことだってあるんじゃないかと思うんです。だから離婚した夫婦とか連れ子とかが登場する連作を書いたのかなと。

――最近感銘を受けた本は？

『佐野繁次郎装幀集成』です。これは、佐野繁次郎さんが手がけた本について、西村義孝さんがご自分のコレクションを中心にまとめられたものです。西村さんにお会いしたときに薦められて手に取ったら、とても面白くて。例えば『銀座百点』というタウン誌の草分け的な雑誌は、創刊からもう50年経つんですけど、長らく佐野さんがデザインをされていました。私が子供のころから、銀座のいろんなお店に行くとこの雑誌が置いてあったことを憶えています。とてもモダンなんですよね。デザインでレコードを買ってしまう「ジャケ買い」があるように、装幀で本を買ってしまうことがありますよね。そんな本のデザインの魅力がたっぷり味わえる。

——ご自身の本のデザインではどんなことを意識しますか？

装幀は本を作る楽しみのひとつでもあります。どうするかとても悩むのですが。『うから　はらから』のときは、イラストレーターの井筒啓之さんが鳥獣戯画のようなイラストを描いてくださいました。タイトルの文字も井筒さんの手書きで、色は何種類もの中から選んで。こういうのって内輪の話なんですけれども、本づくりを楽しんだことは読者にも伝わると思います。

あがわ・さわこ　1953年生まれ。作家阿川弘之の長女。慶應義塾大学文学部卒業。1981年に報道番組でリポーターを務め、1989年には「NEWS23」のキャスターとなる。1999年に檀ふみとの共著『ああ言えばこう食う』で講談社エッセイ賞を、2008年に『婚約のあとで』で島清恋愛文学賞を受賞。

第5章

身近な人の幸せを大切にする人へ

マンガ家

西原理恵子

女の子にはこの写真集を見て世界を知ってほしい

ピーター・メンツェル、フェイス・ダルージオ
『地球の食卓―世界24か国の家族のごはん』

——170万部を突破した『毎日かあさん』が映画になりました。ご自身の子育て体験を描いたマンガが映画化されていかがですか？

私の役を小泉今日子さんが演じていますけれども、私が指名したんじゃないですからね。映画で見てみたら、小泉さんが私の知っている輝いているキョンキョンじゃなくて、ただのおかんになっているんですよ。さすが女優ですよね。自分をバッチク見せることができる。イモジャージ着てずっとどなっている。

あとびっくりしたのが、私しか知らないはずの夫・鴨志田穣がいたんですよ。映画の中にアル中になって、ガンになって、やっと帰ってきたのにすぐ、今度はもっと遠くの帰れないところに行かなければならないことが分かって。そんなときに、娘のお茶碗を写真に撮ったり、息子の靴を並べ替えたりしていた、ちょっと困った笑顔の夫を、私しか知らないはずなのに、夫役の永瀬正敏さんは演じていた。そっくりだったって言っても、ものまねで似せたんじゃなくて、彼が背負ってきた今までの人生が似せさせたんですよ、きっと。あれはちょっと驚いちゃいましたね。うちの娘は最初から泣きっぱなしでした。息子は最初から居眠りしてたけど。

お客さんには、この映画を見てちょっと楽な気分になってもらいたいですね。

——マンガ家を志したのはどうして？

物心ついたときから絵を描くのが大好きで。ほめられたことは1回もなかったんですけど。あの絵ですからね。小さいときからあんな絵だった。本当にただ好きで。ほかの教科はもっとできなかったので、絵もほめられたことはないけれども、本人が好きなんだからしょうがないですよね。

マンガ家になろうなんて高い志は持ってなかったですよ。絵で食べていければなんでもいい。それが目標。大事なのはどうやったらお金になるかということで、1000円でいいから自分の絵をお金に変えると食べていけるでしょ。明日のお金がないぐらい怖いことはないですから。

自分の絵で1000円を稼ぐためにはどうすればいいか。少年ジャンプに投稿していたら永遠に無理ですよね。ハリウッド女優になりたいと言い出すのといっしょで。それでどんどんレベルを落としていって、自分でも使ってくれるところを東京の出版社で探すわけです。エロ本のカット描きだったら安くても早く描けば必ず仕事がありました。

エロマンガとかヌード写真の雑誌にちょっとした1コマコラムとか、間抜けなお笑いコーナーとか必ずあるでしょ、ああいうところのカットをね、ずっと描いてました。そうしたらあるとき、ライターさんが丸ごとページを落としてしまって。それで空いちゃった1ページに何か描いてくれないかと言われて、その場ですぐにマンガを描いたら、若い編集者が面白がってくれて。1ページが2ページ、2ページが3ページになっていきました。もちろんたくさんの出版社をかけ持ちですよ。編集プロダクションに行ったらもぬけの殻だったり、お金を振り込んでもらえなかったりっていうのは当たり前なので、かけ持ちしないのは危険だったんです。

仕事は選びませんでした。マージャンをやってくれといわれたらマージャンマンガ、グルメをやってくれといわれたらグルメマンガ。何でもやっていくうちに、自分の知らないチャンネルがどんどん開いていく。引き出しが多いマンガ家って言われるけど、それは仕事を断らなかったからですよ。

――若い人は夢を追ってしまいがち。西原さんは現実が見えていたのでしょうか。

プライドがなかったからでしょうね、ものすごい悲観論者で、明日は今日よりもっと悪い日というのが自分の哲学。

私が育った高知の田舎には、本当に職がなくて、先輩の不良や女の子たちがいい目にあったり、立派な人間になったのを見たことないもん。貧乏なアパートで男の人が女の人を平気で殴ったり、子供が親に平気で殴られていたもん。あんなところで、「明日は何とかなるさ」と言うのは恐ろしいことですよ。田舎のどうしようない閉塞感は嫌になるほど身にしみていますから。

例えば、派遣切りにあった人には、「明日のお金がないのにどうして平気でいられるの?」って聞いてみたい。半年後にクビになると分かっていて、どうしてそのままいたのって。私だったらなんでもやったよ。18歳で東京に出てきてなんでもやったもん。明日のお金がないと怖いからいくつも出版社回ったよ。就職活動で50社も回ったけど決まりませんって学生が言うけど、50社ぐらいは普通だろと思ってさ。

生まれついての貧乏症は治らないので、お金がなくったらどうしよう、仕事がなくなったらどうしよう、と思って仕事してここまできたんです。

――そんな西原さんにご紹介いただく本は？

『地球の食卓』という写真集です。著者は、会ったことないけれど、報道カメラマンとジャーナリストのアメリカ人夫婦。世界中の家に行って、家族が1週間で食べる食材を記録している。家族構成や、どういう生活をしているかを追っているんですね。だから本当に旅行した気分になる。その家に上がりこんで、冷蔵庫を開けて、いっしょにご飯を食べるような、まさに世界のヨネスケさんなんですよ。すばらしいじゃないですか。

私はこういった写真集よりも現場に行ったほうが面白いと思うけれども、なかなか時間がなくて世界旅行には行けないですよね。あと、娘に読んでほしい。男の子はたたき出しても世界を放浪してほしいけれども、娘はリスキーすぎる。だから日本の女の子にはこういった写真集を見て、自分は今どういう世界にいるのかを知ってほしい。
あと、本当に下世話なんだけど、ひとんちの冷蔵庫って面白いよね、子供がひとんちの冷蔵庫を開けたらすごく怒られるけども、子供は本当に見たいから開けるんだよね。

――1週間の食費が一番安いところと一番高いところには、400倍の差がある

一番高いのはドイツで、5万9000円。オーガニックなものばかり食べて、サプリにもお金を使っている。だったら塩分抜けばいいのに。ドイツ料理って塩辛いよね。油も多いし。ビールも控えればいいのに。昼間っから飲んでる。一番安いのはスーダンの難民キャンプで、たったの143円。豊かな国の食料を半分でも飢えた国に持っていくにはどうすればいいのかって思うけど、難しいよね。国連の人が言うには、一度援助を与えると、次から「なぜくれないのか」って言うようになるんだって。だから、仕事と教育を与えないといけない。特に女性が自立しなければ。母親が人間扱いされていない国で、貧困をなくすのはすごく難しい。
あと、豆を食べている国はこれをふかすのに女がどれだけ台所に縛り付けられているのか考えろと言いたくなる。さっさとレトルトにしろよって。

さいばら・りえこ　1964年生まれ。高知県高知市出身。1989年武蔵野美術大学卒業。小学館の週刊ヤングサンデー『ちくろ幼稚園』でデビュー。前夫でカメラマンの鴨志田穣（故人）との間に一男一女。

ファンケル名誉会長

池森賢二

困っている人を助ける、人を喜ばせることだけを目標に

金澤武道『脳梗塞はなる前に治せる！』

――ドラマのような人生でびっくりしました。

自分ではそう思ったことはないんですけどね。私は地方の小さなガス会社で15年働いた後、仲間と事業を起こして失敗したんです。当時はね、「脱サラ」という言葉が流行っていて、自分たちで会社を興したいという気持ちの人間が大勢いた。なんで失敗したかというと、「船頭多くして船山に登る」というやつですね。14人で始めたんだけれども、全員が役員なんです。みんな出資してるから。結局、何をやるんでも話がまとまらないんですね。だから、私が今の会社を立ち上げたときは、何事も自分ひとりで決めようと思いました。

それで、脱サラして作った会社を3年くらいで倒産させたときに、私が社長をやっていたんですが、自分を信じて品物を納めてくださった人にお金を払えなくなったわけですね。こんなにつらいことはなかった。生まれて初めての経験でしたよ。それで、2400万円くらいの借金を作っちゃったんですが、これを3年間で返済できた。兄のクリーニング店を手伝ったりして、それこそ1日3時間くらいしか睡眠を取らずに働きました。借金をきちんと返せたことは自信になりましたね。

それからファンケルを始めたわけですが、そのときは新しい事業を興そうという感覚ではなく、人助けのような気持ちだったんです。私の家内は、肌が弱くて化粧品が使えなかったけれども、防腐剤などの添加物の入っていない化粧品なら使うことができた。家内がこんな喜んでいるんだから、相当大勢の人がこれを必要としているんじゃないか、困っている女性たちを助けてあげたい。そんな正義感からですね。

化粧品は傷みやすいですから、防腐剤を入れないとなると、1週間で使い切れる量を小さな容器に入れるしかなかった。それで、化粧品の製造をしている会社の社長に提案に行ったら、そんなものは売れないと断られた。では自分でやろうとひとりで始めました。売れなかったらどうしようとか、考えなかったですよね。困っている女性を助けるためですから。

化粧品業界の方には、化粧品っていうのは夢を売っているわけだから、そんな夢のない薬みたいな商品を女性が買うわけがないって言われたんです。化粧品の技術者にも、こうしたら防腐剤や酸化防止剤を入れなくてすむよって提案したら、笑って相手にされませんでしたもん。確かに、薬みたいな容器に入った化粧品が売れるわけがないというのは化粧品業界の常識だったかもしれません。でも、その業界の常識を変えるのは、異業種からの参入者なんですね。もともと異業種だった人のほうが欠点が見える。その業界に首までつかっている人には見えないんですよ。

それから、自分ひとりではできなくなって、人を採用して、社員が増えていったのですが、常にお客さんに喜んでもらうことだけを考えようと決めていた。会社がどんなに大きくなっても、それが一番大切。この間、早稲田大学の女性の教授に講演を頼まれて、お会いしたらファンケルのファンだとおっしゃる。そのきっかけは、ファンケルのお店で買い物をしようとしたら、店員に、その商品は3日後にセールになるから、そのとき買われたらいかがですか、って言われたんだそうです。それまでの3日間はこのサンプルをお使いくださいとサンプルを渡されて、その心遣いがとてもうれしかったと。その店員は、お客さんである先生に喜んでもらいたかったんだろうね。だからそういうことがさりげなくできる。

——創業25周年で経営の第一線を退かれました。今、新しい取り組みを始められていて、それはお薦めの本がきっかけだったとか。

そうなんです。『脳梗塞はなる前に治せる！』という本です。この本には、脳血管障害者がひとりにつき、5年間で1200万円の国家予算を使うことになると書いてあるんです。ご存知のように、日本では2009年に34兆1000億円の医療費が使われている。これから高齢化社会がものすごいスピードで進んで、間違いなく医療費も増える。だから、脳梗塞になる人、もっと言えば、病気になる人を減らすことができたら、医療費が減らせるはずですよね。

日本人の平均寿命は83歳ですが、健康に過ごすことができる健康寿命は76歳なんだそうです。だから、日本人は病気を抱えて7年くらいは生きていくのだろうなと私は思ったわけです。だったら、「PPK」が一番いいだろうと、PPKっていうのは「ピンピンコロリ」の略。健康でピンピンしていたのに、倒れたら一週間でコロリと逝くと。それが理想的な生き方じゃないかって。だから僕は人を病気にさせないっていうのをこれからのライフワークにしたいって思った。

脳梗塞になれば、本人がつらいだけではなくて、家族にも大変な負担がかかる。本にも書いてあるけれども、脳梗塞になってしまった人と、なる前に治してしまった人とでは、その後の生き方がまったく違う。天と地ほども違う。

だから予防医療が重要なんです。予防医療というのは、人が病気になる前に危険なところを発見して、病気になる前に治してしまおうという考え方です。病気になってからお医者さんに治してもらおうとするのではなく、人間ドックで徹底的にその人がこれから発症するであろう危険箇所を事前に見つけるわけですね。そうすれば、医療費の削減にもなる。

でも日本では、人間ドックは保険がきかないんですね。予防医療に保険がきくようになって、病気になる前に病気を治すことができたら、医療費はもっと少なくてすむはず。それが医療費削減の近道だと私は思うんです。これを進めるために、予防医療財団を立ち上げたんです。

――そういった取り組みには、池森さんの中で何がモチベーションになっているのでしょうか？

私は小学校2年のときに父親を亡くして、それから母親が5人の子供を育ててくれたんだけれども、かなり貧しくて。食べたくても食べられない、教科書を買うお金もないという時期があって、苦労した。ですから、人の不幸というのを見ていられないんですね。

それが、かつては無添加化粧品、今は予防医療をがんばりたいというモチベーションになっています。自分は90歳までは元気に活躍できるんじゃないかと勝手に思っているので、まだあと17年はあります。それまで世の中の役に立つことをやって生きていたいなという気持ちがすごく強いですね。

ＰＰＫが達成できたら最高じゃないですか。私はそれが一番いい人生だなと思っていますから。

いけもり・けんじ　１９３７年生まれ。ガス会社を経てコンビニエンスストアの経営に乗り出すが失敗。１９８０年にファンケル化粧品を創業。１週間使い切りの無添加化粧品は肌トラブルに悩む女性から圧倒的な支持を受けた。

スターツコーポレーション代表取締役会長兼グループCEO

村石久二

人生はマラソン。ゆっくり社員と歩んでいきたい

城山三郎『静かに　健やかに　遠くまで』

――6年間勤めた銀行を辞めて会社を立ち上げた。当時、起業は珍しかったのではないかと思いますが、どうして始めたのでしょうか？

銀行の50周年預金獲得キャンペーンのときのこと。何となくモヤモヤしていた気持ちを晴らすかのように思い切り外交営業で飛び回りました。成果もあがり、達成感もそれなりにあるのに、何か空しさが消えない。父親が戦死し、女手ひとつで子供たちを育て、苦労してきた母親に親孝行したい。息子が都市銀行に勤めているだけでも満足していたでしょうが、それだけでは十分なことができない不安。また、このまま大きな組織でチャレンジもしない人生で良いのか、死ぬときに後悔するのではないかという思いが抑え切れなくなって独立を決意したんです。

せっかく入った大手を辞めるからには、将来は上場するような会社にしたい、しかも従業員の数では銀行を超えたいと思った。ラーメン屋でも何の商売でもよかったけれど、大きく伸ばせるかどうかで見て消去法で不動産業に行き着きました。銀行時代に宅建の資格を取っていたことも後押しにはなりました。ただ、いくらスケールが大きくても、分譲だけでは物件が売れなくなったら社員を見限らざるをえなくなります。だからこそ、額は小さいけれども仕事が途切れない、賃貸管理もしっかりやろうと。最初は大変でも管理戸数を積み上げることで、やがて会社の安定収入になるようにね。あのころ不動産で夢を追う人は、細かくて面倒な賃貸管理はしたがらなかったんです。そこにチャンスがあった。

——創業して42年、従業員およそ5000人ですが、一度もリストラしたことがない。

私は人が大好きなんです。幼いころから周りに本当に良くしてもらったからでしょう。人と別れたくないという気持ちも人一倍強かった。都会に就職した兄姉が帰省休みを終えて戻るときも本当に寂しくてね。出会った人と離れたくないから、会社経営でも、なんとかその人に合った仕事で生かせないかと考え、管理業や出版業を始め多角化につながりました。バブル崩壊のときも、先のリーマンショックでも社員を切るようなことはしていません。「切る、捨てる」ではなく、「拾う、救う」というのが経営哲学というか人生哲学みたいなもので、これは変わりません。昔から地方自治体のような会社を作りたかったんです。5万人くらいで、しかも老若男女それぞれが自分に合った仕事をし、お互いが支え合えるようなね。

創業のときは私と女房だけ。3年目に銀行を辞めてひとり入社してもらい、その後もひとり、2人と増えていったけど、みんな私よりも優れたものをたくさん持っている。それぞれの持ち味を引き出しながら最後の決断と責任という部分では私が束ねてきました。同志とも言える創業期の仲間が今でも離れずにいっしょにいてくれている。こんなにうれしいことはありません。社員に対しても「きみ」とか「あなた」ではなく、名前で呼びます。思い出せなかったら「名前なんだっけ」と聞くし、よく知っている社員を「ちゃん呼び」するクセも直りません。

――そんな村石さんがご紹介する本は？

城山三郎さんの『静かに 健やかに 遠くまで』という本です。これは、経済小説で有名な城山三郎さんが書いた小説やエッセイの中から、いわゆる箴言《しんげん》と呼ばれる、心に訴えかける言葉とか考えさせる文章を集めたものですね。私が好きな城山さんのいろんな本の中から、いいところをたくさん抜き出しているんです。その本を読んだ若いときのことを思い出して、今自分が同じ言葉に対してどう感じるかを比べると、すごく楽しいんですね。ひとつひとつが短いからいいんですよ。これが長くて一度に5ページ、10ページも追いかけるとなると、読むことに集中してしまう。短いからこそ、ふっと立ち止まって考えられる。

人生は長距離走のようなものだ、ゆっくり進みなさい、と城山さんはおっしゃっているんですね。私はマラソンが大好きで、人生も会社もマラソンレースだから、ゴールまでを考えたうえで、とにかく途中途中の目印まで足元を見ながら走る、自分のペースで行けばいいよって社員に話しています。事業も同じ。他社と比較して、あの会社がこんなことをやって、これだけ売り上げているんだからウチもやらないといけないとか、そういう気持ちにならない性格なんです。だから、社員も力さえついてきたら、自分のペースで進んでいけばいい。

人生は謂わば一つの長距離競争だ。
焦る必要はない。
平らな心で一歩一歩を堅実に。
最初から力の限り走る必要はない。
急げば疲労をおぼえ、焦れば倦怠を招き易かろう。
永い人生だ。急いで転んでもつまらないよ。

城山三郎『静かに 健やかに 遠くまで』より

マラソンではね、自分のペースで走らないと、20キロとか25キロで棄権する羽目になる。49歳のとき、初めてホノルルマラソンに挑戦したんです。人生はマラソンだよって言ってきた割に、自分自身いつかやろうと思いながらも走ったことがなかった。それから7年連続で出場し、53歳のときには3時間57分という記録を出しました。4時間切りをずっと目標にしていたから、あの暑いダイヤモンドヘッドを走っての記録には達成感がありましたね。日々の練習の積み重ね。マラソンでは走った量は嘘をつかないというかね。

人生も同じ。よく運命は自ら切り開くものと言われるけれども、何事にも感謝の心を忘れず、ひたむきに努力を重ねることで、天から授かるもの。私はそんな風に思います。

——ほかにも、「人間の能力とは努力のことでしかない」とか、「出世でこり固まった男もおもしろくないが、出世をすっかりあきらめた男も魅力はない」とか。

面白いでしょう？　ある程度人生経験のある40歳以上の人たちはぜひ読んでもらいたい。気に入った言葉があったら、原本も読んでみることをお勧めしますよ。

むらいし・ひさじ　１９４４年生まれ。大和銀行（現・りそなホールディングス）を経て、千曲不動産（現・スターツコーポレーション）を創業。２０００年から会長。土地の有効活用、建設不動産の仲介・管理、証券、ホテル、介護、出版など、50のグループ会社を持つ。

AOKIホールディングス会長

青木擴憲

「義を見てせざるは勇無きなり」

経営者に必要な心がけ

田口佳史『論語の一言』

――ご自身の20歳の誕生日に「洋服の青木」を創業されました。

18歳のときに、家業の質店を継いだんですね。そのとき、借金は現在の3億円ほどありました。それからずっと試練の連続で。売る、仕入れる、借金を返すということに夢中で、ほかのことを考えるゆとりもなかった。質店で扱っているものの中で自分が分かるものといえば、紳士服だったわけです。スーツとかジャケットとかパンツ。じゃあそれらに絞っていこうということで、紳士服店を始めました。もう創業してから50年以上経っていますね。

父親がなぜ失敗したのか分析してみました。初めは米屋をやっていたんですね。でも戦争になり米屋ができなくなった。ビジネスがうまくいったときというのは危険が潜んでいるんです。戦争になるということも事前に読むべきだと。先を読んだ経営をしないと、たくさんの方に大きな影響を与えてしまう。

必ずこの先どうなるかを予測して、最悪の場合どういうことが起こりうるかということも考えていかないと。例えば90年代の初めには、すでに紳士服の成長が鈍化することが見えていたんですね。少子高齢化が予測できましたから。ではどうするか。また、紳士服というのは、もともと夏には売れないんです。夏に売れるものを新しく手がけるか。徹底的に考えました。そこで、「モノ」ではなく「コト」を売ろうと、カラオケや会員制の複合カフェや結婚式場を始めることにしたのです。

——90年代の紳士服に勢いがあったときにすでにそういう事業展開を？

そうですね、計画していました。そうでなければ、現在のようにきちんと利益を出すことはできないでしょう。好調のときに常に先を読まないと。

1998年に、東京の表参道に「アニヴェルセル」という結婚式場を建てました。コンセプトは、マルク・シャガールの『誕生日』という名画との出会いから生まれました。素敵な絵なんです。シャガールが貧乏画家のころ、恋人が誕生日におめかしして花束を持って訪ねてくる。うれしさのあまり、彼は飛び上がってキスをする。この喜びをそのまま結婚式場のコンセプトにしたんですね。

結婚式は、男性も女性も、人生の中で最大に感動するときだと思います。でもそれを、画一化された結婚式場で、なんかこう、ところてん式に終わってしまっていいのだろうか。それよりも、ひとつの館を借り切って結婚式を挙げて、生涯の思い出にしようというニーズがあると感じていましたね。初めにかなりの投資をしたんですが、社内では私を含めて2、3人以外は全員反対で。

——えっ。反対される中、どのように説得したのでしょうか？

反対した方には、レポートを書いて説得しました。株価は落ちましたけれども。でも、それをやらなかったら今がなかったと思うんです。従来の結婚式場で満足できない人は、この表参道で芸能人になったような気持ちで祝福される。これは、お客様に絶対喜んでいただけるはずです。また、当時は今ほど表参道は整備されていませんでしたから、地元のためにも良い。企業として社会のために役立てるんだ、と確信を持っていました。あれから10年以上経って、街の中に根付くことができました。

——お薦めの一冊は、経営者として大切だと考えてらっしゃることがまとめてある本。

東洋思想研究者の田口佳史先生の『論語の一言』です。田口先生にはもう10年も教えていただいているのですが、これは孔子とその弟子たちの言葉を収めた論語を分かりやすく解説したものです。

論語では、人間が常に守るべき5つの「徳」として、「仁」「義」「礼」「智」「信」を挙げています。経営者だってこの5つを守らなければなりません。「仁」とは、愛や慈しみ、思いやりの心です。「義」とは、人が生きるうえでの正しい行いのこと。「礼」とは、礼節を重んじ、人を敬うこと。「智」とは、正邪の区別ができる知恵。そして、「信」とは、嘘をつかないこと、約束を守ることです。

知者は惑はず。仁者は憂へず。勇者は懼《おそ》れず。

田口佳史『論語の一言』より

――経営者にとって一番重要なのはどれだと思われますか？

この本では特にリーダーシップに必要なのは「仁」「智」「義」の3つだと。知者は迷うことがない、仁者は悩むことがない、勇者はひるまない、と書いてあります。これは先が見えなくて自分自身のあるべき姿を見失い、やるべきことが分からなくなったときにかみ締めたい言葉です。

3つのうちからさらにひとつを選ぶとしたら、それは、「義」ですね。「義を見てせざるは勇無きなり」と言いますが、普段立派な生き方をされている人が本当に困っているときに、勇気を持って助けるのがリーダーですよ。だから、経営者にとって最も必要なのは「義」だと私は思っています。

あおき・ひろのり　1938年生まれ。20歳のときに「洋服の青木」を創業。業界を代表する紳士服チェーンに成長させる。1998年には東京の表参道に「アニヴェルセル」を開業。同年、カラオケ「コート・ダジュール」を開業。ブライダル事業・エンタテイメント事業に参入する。

俳優・エッセイスト

本上まなみ

子育ての合間に仕事。短歌づくりに思いを込める

奥村晃作『奥村晃作歌集』

――女優、司会、ナレーションと幅広い仕事をこなしながら、子育ても。

娘は4歳になりました。家の中では、子供を中心に回っているという感じです。朝早く起こしてご飯を食べさせてお弁当を作って幼稚園に送り出して、自分の仕事や家の用事を片付けているともうお迎えの時間になるんです。幼稚園は終わるのが早くて。送り迎えとか、夫婦で助け合ってうまく時間をやりくりしていますね。

もちろん外に出ていく仕事もあるのですが、家で原稿を書く仕事をするのは深夜になってしまいます。子供が起きていると、この本を読んでくれとか、あれを食べさせてくれとか言ってくるので、ぜんぜん集中できません。そうなるとやっぱり、子供が寝てからの時間を使って文章を書くんです。

――お子さんが生まれてから、仕事に変化はありました？

仕事の内容そのものは特に変わってはいないんです。ただ、私自身の心の持ち方というのは、多少は変わってきていると思います。例えば、新聞を読んでいても目に入ってくるトピックが変わってきたんですね。それに、台本のセリフ憶えにしても長い時間はかけられない。短時間に集中してやるようになりました。メリハリをつけて仕事と普段の生活とのバランスを取ろうと。子供が生まれてから4年経ちますが、ようやくそのペースがつかめてきた気がします。かえって心地いいかもしれません。

――エッセイも執筆されています。

私自身は、実はとても口下手で、人に自分のことについて話すのが苦手なんです。気が小さくて、初めての場所だったり、初めての人と会うときは、うまくコミュニケーションが取れなかったり。出会った人と数分の会話をした後で、あのときこう言えばよかった、ああすればよかったっていつも思っちゃうんです。でも文章は、しっかりと時間をかけて、心行くまで直すことができる。最終的に形になったものが、みなさんの目に触れる。このペースが自分に合っているんだなって感じます。こうした表現の場があることがとてもありがたいです。

――そして、エッセイの中によく短歌が登場しますね。

短歌は、もう10年くらい前に始めました。友人が短歌の会を作ることになって、本当に初心者ばかりを集めたグループなんですが、私も参加することになったんです。最初は、誰かがお題を出して、みんなが手紙やファクスで主宰のもとに短歌を送り、それを主宰の人がまとめてプリントアウトしたものをみんなに郵送してくれるというやり方でした。その短歌の会の主宰が今の夫なんですけれども。

短歌は、五・七・五・七・七の31文字の中にどうやって言いたいことを詰め込むかという、言葉のゲームのような感覚で私はとらえています。同じものでもいろんな言い方があって、例えばブランコは昔はフラココと呼んでいたそうです。おにぎりだって、おむすびとか、にぎりめしとか、いろいろ。たくさんある言葉の中でどれをチョイスするかでその人の性格が見えたり、そのときの気分が分かったり。それが楽しくて、どんどんはまっていったんです。

――そんな本上さんお薦めの一冊は、短歌集。

『奥村晃作歌集』です。奥村先生の短歌を読むと、日常生活の中には「驚き」が無数に転がっているのだ、ということに気づかされます。〝なんてことのない毎日〟なんてないのかなぁって思わせてくれる。お皿を洗いながら、テレビのニュースを見ながら、道を歩きながら、奥村先生はいろんなことを発見します。その発見を、驚きや喜びを、まるごと短歌にしているんです。だから、読むと自分も同じ体験をしたようなうれしい気持ちになる。誰もが見過ごしてしまいがちな小さなきらめきが、先生にとってはものすごくくっきり大きく見えているのかもしれません。

ひたすらまっすぐで生真面目、真剣そのもの、という特徴もあります。限度を超えたその真面目さがまた魅力的で、独特のおかしみを生み出していたりもします。私の知り合いの歌人、

ボールペンはミツビシがよくミツビシのボールペン買ひに文具店に行く

どこまでが空かと思い　結局は　地上スレスレまで空である

然《さ》ういへば今年はぶだう食はなんだくだものを食ふひまはなかつた

次々に走り過ぎ行く自動車の運転する人みな前を向く

奥村晃作『奥村晃作歌集』より

穂村弘さんが奥村先生を評して曰く、奥村さんは〝灼熱の心〟を持った人だと。本当にその通りだなぁと私も思います。実際にいくつか短歌を紹介しますね（右ページ）。

――その風景が思い浮かびますね。

発見したことをまず全身で味わっているんじゃないかな、と思います。そして頭に浮かんだイメージを言葉に置き換えているのではなく、体の内から湧き出た言葉を短歌にしている気がする。生き生きとして実感がこもっていて、そういう短歌を私は素敵だなぁと思うのです。

――もっと多くの人に短歌を薦めたいですか？

そうですね。難しい言葉を使わなくても、かっこよくしなくても、短歌を作ることはできます。私自身、短歌を始めたのは友達同士のコミュニケーションでしたし、気軽にできる。最近はメールやツイッターで短い言葉のやり取りがたくさんあるので、みなさんできるんじゃないかなという気がします。きっと楽しいですよ。

ほんじょう・まなみ　1975年東京生まれ、大阪育ち。女優として数々のドラマや映画、CMに出演。また番組の司会やナレーター、ラジオパーソナリティーなどその活躍は多岐に渡る。読書好きとして知られ、自身でもエッセイや絵本など多数刊行。一児の母。

フォークシンガー

小室等

ずっと言葉を探していた。
ラブソングこそが
一番の反戦歌

茨木のり子『歳月』

――60年代と70年代の日本のフォークソングブームの立役者となった小室さんですが、どのようなきっかけでフォークを始めたのでしょうか。

初めは、ギターの音色がかっこよかったからでした。高校生のときですね。次の段階でメッセージ性のある歌を歌いたいと思うようになった。それで、海外のフォークシンガーのように反戦や人権について歌っていたのだけれども、ある日、自分のやっていることが地に足が着いていないというか、上から目線というか、説教しているような感じになっていることに気づいて、自分で自分を嫌悪しました。

戦争反対と言葉にするのもいい。でも、せっかく歌にするならば、借り物ではない自分の中の思いを日本語で伝えたい。それまでの既成の日本語の歌には自分たちが伝えたいものがない気がした。だったら自分で作る。そのためのレッスンとして、小説や漢文やエッセイなどの日本語の文体に曲を付けたりしながら、言葉を探していました。そんなときに、雑誌の編集者から茨木のり子さんを紹介してもらったんです。それまでは、詩というものが自分の生活の中になかった。茨木さんの詩を読んで、僕たちの探している言葉がここにあると思いました。

――今回紹介していただくのも、その戦後を代表する女性詩人である茨木のり子さんの詩集ですね。

そうです。電車の中とかで読むと危ないですね。涙が出そうになって。

この、茨木のり子さんの『歳月』という詩集は、最愛の夫、三浦安信さんが亡くなられてから自分が亡くなるまでの31年間に綴ったご主人への思いを40編の詩にまとめたものです。だから、40編の恋文といってもいい。そもそも、詩の始まりも、歌の始まりも、恋文なんですよ。

僕はメッセージソングとして反戦を歌っていたけれども、何か違うんじゃないかと。一番の反戦歌は、ラブソングじゃないかと思うようになりました。自分が納得できるようなラブソングを作らなければならない。茨木さんは本当に良いラブソングを残していますよね。この『歳月』という詩なんて、もう全身を何かが走りますよね。最後の部分なんて、こういうことが言葉にできるのはすごい。

――どういった状況にある人に読んでもらいたいですか。

東日本大震災の被災地で、愛する人を失った人、茨木さんと同じような状況にある人が、今すぐは難しいかもしれないけれども、この詩を手に取ってくれたら、勇気づけられるんじゃないかと。そういう日が早く来てほしいですね。

――茨木のり子さんはどんな方でしたか？

八十歳のわたしを想定してみる
どちらかがぼけて
どちらかが疲れはて
ちらっとよぎる

（中略）

けれど
歳月だけではないでしょう
たった一日っきりの
稲妻のような真実を
抱きしめて
生き抜いている人もいますもの

茨木のり子『歳月』より

優しく、「こっちの道じゃないの」と言ってくださる年上の女性という感じでした。僕自身が言葉を探している中で、いつもヒントをくださって。きちんとお礼を言わなければならなかったのに、それもかないませんでした。

——小室さんをはじめミュージシャンが集まってレコード会社を作りました。

ビートルズがアップル・レコードという会社を作ったときに、全世界の若いミュージシャンが自分たちでも音楽会社を作れるんだと思った。僕が言い出して、吉田拓郎さんに話をしたら、井上陽水と泉谷しげるを口説いてきたらできる、と。それで、4人でフォーライフ・レコードを設立したんです。とはいえ、本当はまだ決心していない段階だったんだけれども、スポーツ新聞がすっぱ抜いたので背中を押されて始めたという感じでした。

四面楚歌のような状況ではありました。会社の運営や流通の面で周りが冷やかで、右往左往しながらの出発でした。ミュージシャンがイニシアティブを取ってレコード会社を運営するというのも、海の向こうからやってきた流行なので、それはフォークソングとも同じですね。

——流行に飛びついたというわけですね。

反戦やポップアートは、向こうから流行を輸入したものかもしれませんが、借り物ではない、自分の言葉を探そうという思いでずっとやってきたんです。向こうの歌を日本語に翻訳して、自分自身の立ち位置はよく分からないまま歌っているだけだと、これは借り物だなと感じる。だから、自分のものだと思えるものを獲得したくて続けているんですが、いまだにやはり借り物のままのような気もするんです。

ただ最近は、借り物でもいいんじゃないか、とも思うようになりました。本当に自分なんてあるでしょうか？　人と話していて、本で読んだ言葉をしたり顔で言うこともあるでしょう。こうやってインタビューに答えているときも、人から借りた言葉で話をしているかもしれない。でも、それをしゃべっているのが僕ですからね。僕というものを通って出てくる言葉は、やっぱり違う。同じものを朗読しても、僕とあなたではやはり違うんです。そう思うようになりました。

こむろ・ひとし　１９４３年生まれ。多摩美術大学彫刻家卒業。在学中にＰＰＭフォロワーズを結成。その後、六文銭やソロなどで活動。１９７５年に吉田拓郎、井上陽水、泉谷しげるとともにフォーライフ・レコードを設立。テレビドラマ出演などでも活躍する。

第6章

心を見つめたい人へ

禅僧

有馬頼底

心の中を無にすれば
争いごとは
世の中からなくなる

千玄室『いい人ぶらずに生きてみよう』

——基本的なことをお伺いしますが、禅はどういう教えなのでしょうか？

禅の根本の思想は「無」なんですね。人間は、心の中につまんない思いをいっぱい抱え込んでいるから苦しむ。それらを全部なくしてしまったら、苦悩のもとがなくなるわけですよ。心の中を常にからっぽにしましょうというのが禅の教えです。

人間は、裸で生まれ裸で死んでいく。本来は何も持っていないんです。地位もないし財産もないし名誉もない。それをみんな勘違いして、お金を稼いでは「これは俺のものだ」と必死に守ろうとする。それがすでに間違いなんですね。

心をからっぽにするというのは、ただぼぉっとしていればいいという意味じゃないですよ。常に自分の心の中からいやな気持ち、煩悩を消していく。そうすれば、修練によって無の境地に達する。普通の人でもできます。例えば、あなたはインタビューの仕事を真剣にやるとき、無でしょ。ほかのことは考えていませんよね。インタビューのことしか考えないはずです。カメラの方も撮影することに一生懸命になって、心がからっぽになるでしょう。それが無の境地なんです。

そのとき、その場所で、真剣に取り組んでいく。それが禅の教えです。何も難しいことはないんです。

――どのようにしてこの道に入られたのですか？

私の父は男爵だったのですが、私が8歳のときに両親が離婚したんですね。それで3人の子供たちは離れ離れになり、私は大分のお寺に預けられ、小僧になった。それから朝から晩まで修行の日々です。禅宗では、「一掃除、二信心」という言葉があります。つまり、勉強したりお勤めしたりするよりも、まず掃除をしなさいということ。掃除に象徴される作務が大切。雑巾がけや、掃き掃除や、お野菜を刻んだりとか。廊下を掃除して、少しでもふき残しがあると、師匠に濡れ雑巾でバチーンと叩かれる。痛いのなんのってね。ただそれを恨みに思ったことはないですね。

私は東京で生まれたんですが、小さいころは本当にひ弱な子供だった。ところが九州へ来たら、師匠からは厳しく鍛えられるし、裏山に行っては走り回っていたんです。そうしたら、だんだん環境が自分を鍛えてくれたんだな。何があっても驚かない、何があっても負けない、そういう強固な精神ができてきたわけですね。あの時代がなかったら、今日の私はないと思っています。

禅では、体験を重視します。知識として学んだものは、自分のものではないんです、自分で実際に体験することによって、やっと正真正銘の自分のものになる。田舎にいたので、田んぼの仕事もずいぶんやりました。麦も育てた。戦時中は軍事工場にいって、弾薬を詰める木の入れ物を作っていた。大工仕事をやらせたらうまいもんですよ。

――お薦めの一冊はどんな本でしょうか。

茶道の裏千家第十五代家元である千玄室さんの『いい人ぶらずに生きてみよう』という本です。千玄室さんは戦時中、特攻隊にいたのだけれども、いつ出撃するか分からない状態で待機していたら、そのまま終戦を迎えられた。仲間はずいぶん亡くなったのに、自分は生き残った。そのことが胸にあったわけですね。本の冒頭では、京都の五山の送り火を眺めながら、お孫さんとその自分の体験について話をするんです。そういう人間の死というものに対する気持ちについて、日本の国民ひとりひとりが考えてほしいですね。非常に感銘を受けました。若い人みんなに読んでもらいたい。

――本のタイトルにもあるように、周りからいい人に見られようとしていることが問題なんだというところが、ものすごく胸に突き刺さりました。

そうそう。世の中見てごらんなさい。「俺こそが」「私こそが」って言うでしょ。会社でも、「我が社こそが」って。そういう自意識が災いのもとになっている。それに早く気づいてほしいですね。

死ぬと分かっている場所に行かなくてはいけない。
死にたくなくても死ななくてはならない。
そういう現実を、君たちはどう思う？

千玄室『いい人ぶらずに生きてみよう』より

それは、戦争もそうです。日本も含めた世界が、なぜ争うのか。争う理由を突き詰めても、何もないですよ。おおもとには、「自分が」「私が」という自意識があるんですね。だから、意見が違う相手と敵対してしまう。

仏教では、考え方の違う相手のことも受け入れます。大きな乗り物があって、それにみんな乗りなさいというのが「大乗仏教」です。全部受け入れて、理想の境地へいっしょに行こうと。千玄室さんの本にも、その精神は表れています。この方は、大徳寺で禅の修業をなさったんですね。そこで、お師匠さんにこう言われたんです。お前さんは特攻隊で命をかけて戦った、それが自分の鼻先にぶら下がっていると。そんなものは全部捨ててしまいなさい、と言われて、ハッとなるんです。

日本にはせっかく、永久に戦争をしないと約束した立派な憲法がある。これは守らなければならない。誰がって、国民ひとりひとりですよ。国民主権ですから。もっとちゃんと考えなくてはなりません。西洋では禅の思想が見直されていますが、日本人独特の知恵として、そのあたりもきっちり考えていかなければなりません。

ありま・らいてい　1933年生まれ。久留米藩主有馬家の子孫。8歳のときに大分県の岳林寺で得度。1955年に京都臨済宗相国寺に入門。現在、臨済宗相国寺派管長。相国寺、金閣寺、銀閣寺の3か寺の住職を兼ねる。相国寺承天閣美術館館長。

ジャズ・ピアニスト

山下洋輔

「いけないもの」に
身を投じる瞬間が
人生のうちに1回はある

日高敏隆『ネコはどうしてわがままか』

――山下さんの『ラプソディ・イン・ブルー』を生で聴いたときに本当に衝撃を受けました。ご自身のフリージャズのスタイルはどのようにして生み出されましたか。

普通のジャズを修行していたときに、何をやってもいいジャンルがあることを知りました。病気をして1年半くらい演奏ができなくて悶々としていた時期があったのですが、そのときに自分にはこれしかないと決心がついたのかもしれません。それまでは、ああいう音楽は良くない、近づいては危ないと思っていたんだけど。それまでいけないと思っていたものに身を投じる瞬間が人生にはあるのかもしれませんね。

そのときは、練習を再開しても、「もっとやりたい」という気持ちに音が追い付かなかった。「こういうやり方ならほかにうまい人が世界にも日本にもたくさんいる。何か自分だけのものがつかみたい」という気持ちが爆発したのかな。練習で相棒たちと好き放題の音を出してもよいということにしてやってみた。そうしたらとても後味がよかった。こうしてフリージャズのスタイルができていったんです。

『ラプソディ・イン・ブルー』を弾いたのはそれよりずっと後なんですよ。初めは難しいと思ったのですが、オーケストラのパートはそのままでソロピアノのパートを即興演奏つきの「山下版」にしちゃうという暴挙でなんとかできました。最後にはひじ打ちも出ちゃう。1回きりだろうなと思っていたのですが、面白がる人も出てきて今でも続いています。

――即興演奏しているときはどのような精神状態ですか？

障害物競走を走っているような状態かなあ。以前はボクシングにたとえたこともあったんですよ。すごい勢いで殴り合っていても、相手や周りの状況は意外なほど冷静に見えているんですね。サッカーにもたとえました。相手がシュートしたいと思っているのを察したら素早くパスを出して自分はバックにまわる。自分がシュートしたいと思ったら、はっきり音で表してソロをとる。まあゴールがどこになるのか、よく分からないんですけれどもね。身体の動きによるコミュニケーションを瞬時にしてやっているということでしょうか。

――燃えているピアノを演奏したこともありました。即興は山下さんにとって何でしょうか？

「人生は1回きりの即興演奏だ」という言葉を吐いたこともあります。未来は分からないけれど、自分が今まで経験したこと、蓄えてきたことによって、自分の人生を切り開いていかなければならないのは即興演奏に似ている。いろんな出会いがあり、チャンスがある。そのときどうするのか、その音を選ぶのか、別の音を選ぶのか。一瞬で決めて先へ進まなければならない。

燃えるピアノ事件は、1973年ごろ、ピアノを水に沈めて弾いたらどうなるか、燃やして弾いたらどうなるか、という実験的な企画があった。実際に誰が演奏するかという話になったときに、ああいう演奏のやつなら引き受けるだろうと、僕に声がかかった。喜んで引き受けました。美術家の栗津潔さんのフィルム作品として残ったので、今でも見ていただけるわけです。幸運ですね。その再現を、２００８年に金沢21世紀美術館主催で能登の海岸でやっちゃいました。

——そんな山下さんお薦めの一冊とは？

動物行動学者の日高敏隆さんの『ネコはどうしてわがままか』という本です。ネコだけでなくあらゆる生物の生き方について解説してくれています。

ネコは人間を見ると、「にゃー」と言っていろいろなことを要求しますよね。でも人間が呼んでも来るとは限らない。無視したりする。これはなぜかなと思っていたらちゃんと回答が示されていた。つまり、母ネコと子ネコの関係らしいんですね。子ネコが鳴くと母ネコはどこにいても飛んで来るそうです。逆に母ネコが呼んでも行かなくてもよい。これはＤＮＡに刷り込まれている行動なんです。人間に飼われているネコはオスでもメスでも大人になっていても、人間を母ネコとして考えているらしい。だって毎日エサをやって保護しているんですからね。こういう関係だから、ネコは常にわがままであってよい。

幸いなことに、
ぼくらの周りにはまだいろいろな生きものがいる。
そのそれぞれがどのように苦労しながら
毎日を生きているのかを知ることは、
われわれ人間の生き方に新しい目を開いてくれる。

日高敏隆『ネコはどうしてわがままか』より

――カエルの話は驚きました。

カエルは、メスに選ばれるためにオスが鳴くんですね。メスは、なるべく丈夫なオスを鳴き声で判断して選ぶらしいです。あるカエルのメスは、鳴き声を聞き分けてちょうど自分の70％の体重のオスを選ぶというんですよ。どうしてかというと、そのカエルはつがいになると、産卵場所までメスがオスをおぶって連れて行く。重すぎると背負えない、軽すぎる相手は丈夫ではない。重すぎず軽すぎないのが70％の体重のオスなんだそうです。それを声だけで判断する。この間違いのなさは、人間にはないんじゃないかな。

――ジャズはこれからどうなっていくと考えていますか。

音楽大学にジャズ科ができる時代です。今までジャズが蓄えてきた知識をどんどん学べるようになった。そういう意味で、若い人たちはすごく早く上達して、うまい人がたくさん増えている。すごく楽しみです。その中から自分しかできない表現を探り当てる人が必ず出てくるでしょう。

やました・ようすけ　1942年生まれ。1959年麻布高校在学中にプロとしての演奏活動を開始。1969年に山下洋輔トリオを結成し、ヨーロッパでもツアーを行う。1972年に公演先の福岡でタモリに出会い、芸能界デビューのきっかけを作る。

精神科医

名越康文

日本史上最大のスーパーマンの繊細な言葉を知る

川辺秀美 編訳『空海 人生の言葉』

――専門が思春期精神医学とのことですが、ご自身はどのような中高時代でしたか？

小学校は楽しかったのですが、中学と高校は不適応というか。いい学校だったんですけれども、自分には合わなかったのかもしれない。マンガばかり読んでいて、水木しげる『ゲゲゲの鬼太郎』が愛読書でした。背景が水墨画みたいできれいで、浮世離れしているから現世のしんどさを忘れられる。癒されて、また月曜日から学校にいくぞ、と。

毎週全少年マンガ誌を読んでいて、そのうえ年に500冊のマンガの単行本を読むというノルマを自分に課していました。学校でマンガ誌を友人から安く買い取ったり。石ノ森正太郎や手塚治虫も好きでしたね。

もっと小さいころに、親が夏目漱石や森鴎外を読ませようとしていて、その反発があってマンガを読んでいたのかもしれません。僕の場合、マンガを読んでいて、セリフの中に啓示的なものを見つけては、「これだ！」と得した気分になっていました。

――名越さんがお薦めの一冊は？

『空海　人生の言葉』という本です。昔の高僧についての本はたくさん出ているのですが、これはとても読みやすくてお薦めです。ほかの本の中には、僧侶の言葉を引用しつつも、それからちょっと離れてしまって、結局本を書いている人の人生訓を解説していたりするものもある。

『空海 人生の言葉』では、原文と、現代語訳だけで、解説は一切ないんです。現代語訳がとてもこなれていて、すらすら読める。原文は漢文調なので、これを読んで唱えてみても面白い。

選ばれている言葉はとても多岐に渡っていて、内容も深く、僕ごときが言うのは僭越ですが、空海の世界観や人生観が、非常にバランスよく紹介されているなと。空海は、おそらく日本史上最大のスーパーマンですよね。全国各地に空海伝説があり、著作もとても多い。ただ、空海が書いたものはけっこう難しいんですよ。その中から言葉を選び、これだけ分かりやすく伝えているのはすごいです。

――この本に出会ったきっかけは?

僕はずっと西洋の精神医学を学んできたのですが、東洋にも同じように人の心を扱えるものがあるのではと思っていました。いろいろ調べてみたら、なんてことはない日本に昔からある仏教は、実はある意味、高度な心理学で、心理療法のような技法もふんだんにあるんですね。ここ数年、仏教についての本をいろいろと読んでいくうちに、空海の書物に出会った。日本の文化に大きな影響を与えた歴史的な巨人というだけでなく、彼は人間のことをよく分かっているということに気づいたんですね。心の機微や、生きることの苦しみについても繊細な言葉で綴っている。空海が書いた本は難しいので、うんうんうなりながら読んでいたのですが、この

まったく不可思議なことは、
リーダーのたった一言が、
人をして賤《いや》しくもし、尊くもするのだから。

川辺秀美 編訳『空海 人生の言葉』より

本を読んだら、なんてことはない、ちゃんと分かりやすく現代語にしてくれていて、ありがたかった。

空海は何でもできた人なんですよ。建築から数学まで。サンスクリットも読めたし、中国に渡ったら中国のどんな文化人よりも漢文が書けた。そんなスーパーマンのような空海が、心に埋められない寂しさを持っていて、それが伝わってくるような文章を書く。

――どの言葉に影響を受けましたか？

例えば、「まったく不可思議なことは、リーダーのたった一言が、人をして賎しくもし、尊くもするのだから。」とあります。肝心なときにリーダーが日和ったことを言うと、みんなの心もふわっと汚れるし、苦しいときにリーダーが自分の心を涼やかにすると、みんなにもそれが伝わるんだということです。これは驚きですよね。本当にこれが平安時代の人の言葉なのかと。これは現代にもそのまま当てはまりますよね。

――私は「あなたの心が暗闇であれば、巡り合うものはすべて禍いとなります。あなたの心が太陽であれば、出会うものはすべて宝となります。」という言葉にドキッとしました。

空海の文章はスケールが大きいのに、優しいんですよね。スケールが大きいと雄雄しくて近づけなかったりするのに、とても繊細で優しい。いつの時代でも人生のキーワードとなる言葉が散りばめられている。

社会や制度というものはもちろん見直さなければならないのだけれども、やはり自分の心が大切ですよね。心が変わらないと、成長できない。人が成長するのは、人に出会ったときだと思うんですよ。でも、出会えないと悩んでいる人もいると思う。この本は人に出会ったかのような、新鮮な驚きをもたらしてくれる本かもしれません。僕はこの本を読むことで、ひとりの賢人に出会ったような気持ちになれたんですね。

普段生活しているだけでも、いろんな情報が入ってきます。でも、人と人とが出会って、何かが共振し合ったときに、殻が破れると僕は思う。だから、迷っている人はこの本を手に取ってもらいたいです。

なこし・やすふみ　1960年生まれ。近畿大学医学部卒。専門は思春期精神医学、精神療法。大阪府立中宮病院（現・大阪府立精神医療センター）にて、精神科緊急救急病棟の設立、責任者を経て、1999年に同病院を退職。引続き臨床に携わりながら、テレビのコメンテーターや講演などの活動も行う。

占星術研究家

鏡リュウジ

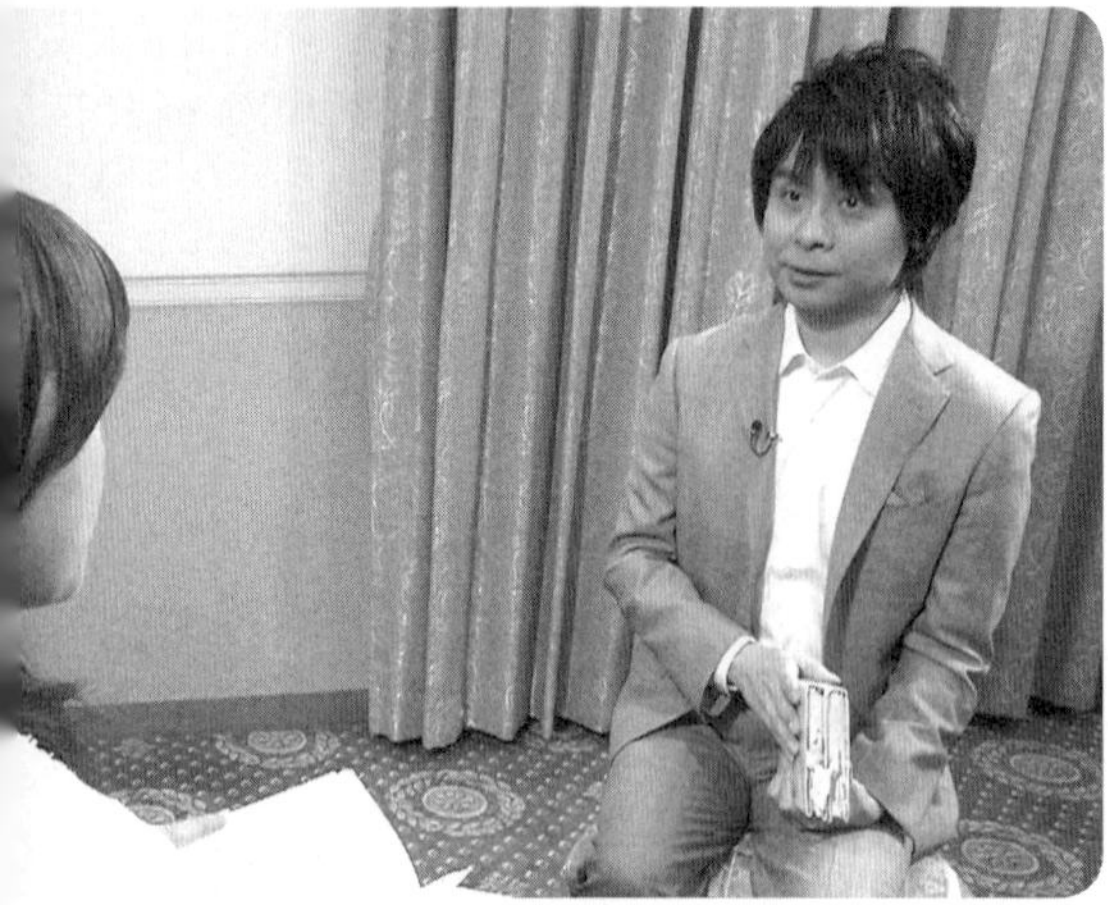

合理性だけで突き詰めた社会には危うさがある

カール・グスタフ・ユング、アニエラ・ヤッフェ編『ユング自伝—思い出・夢・思想』

――そもそも占星術とは何でしょうか？

占星術とは、星空で起こっていることと地上で起こっていることには何かつながりがあるのではないかと考えて、そのつながりを調べようとする学問です。16世紀や17世紀のころは、占星術と天文学はそんなにはっきりと区別されていませんでした。昔の人にしてみれば、天界と地上界にはつながりがあることが当たり前だった。ところが星というのはものすごく遠くにあることが分かり、天文学と占星術は別れた。そのうち、科学として成立したほうが天文学です。星の動きの中にもしかしたら運命とか心とかそういうものが映し出されているんじゃないかという考えは、今の科学から見たら迷信ですが、そういった想像力を大切にするのが占星術と言えます。

僕が占星術に興味を持ったのは10歳ごろ。星占いやタロット占いに凝り始めて、幻想文学も好きだった。高校生のころに雑誌に書いてみないかと言われ、バイトのように仕事をするようになりました。ただ、そのころ同時に、これって迷信じゃないかと気づいたんです。どう考えても、ものすごく遠くにある火星や金星が、特定の人の特定の恋愛に影響を与えるはずがない。だけど、占ってみると当たっている気がする。自分の中に2人の自分が現れました。とても合理的で常識的で近代的な自分がいる一方で、ロマンティックで占いにはまってしまう、ちょっと危なくてバカな自分がいる。その2人をなんとかつなげようと、大学や大学院では宗教学や人類学を勉強するようになりました。

――そこで出会ったのが、ユング。

そうです。心理学の巨人とも言われていて、非常に影響力がありながら、神話や宗教や占いにも真面目に取り組んだ学者です。精神科医として精神疾患の患者の治療に当りながら、「無意識」の解明に興味を抱いて、あのフロイトとも一時親しく意見を交わしたりしていました。最終的には意見が合わなくなったようですが。

僕がお薦めしたい本は、『ユング自伝』です。中学生か高校生のとき、占いの本を読んでいたらたびたびユングの名前が出てきたので、この本を読んでみたのですが、とても難しかった。それから大学や大学院でもこの本について研究しました。自分に最も影響を与えた本と言えますね。

自伝といっても口述筆記を弟子がまとめたもの。伝記とはちょっと違うんです。ユングが見た夢や考えるビジョンなどの話がとても面白い。人の夢の話ほどつまらないものはないと思われているが、ユングの夢は面白いんです。それと冒頭に、自分の人生はひとつの物語であるというようなことが書かれていて、この一文にやられてしまった。人間にはそれぞれほかの人と比べようのないユニークな人生があって、それは物語としか言いようがない、ということですよね。

――「無意識の世界」とは何でしょうか？

ユングは人間の内面の世界、特に自分が意識することのできない「無意識」についてとても興味を持っていました。人には自分が把握し切れない世界があるという考え方です。だからこそ、この本で自分の内面をさらけだそうとしているんです。

また、私が私のみに属していることをやめた、とも言っています。これはすごいことです。自分が自分だけのものではないということは、仏教における自分は生かされているという感覚に近いですよね。これには驚きました。

自分の人生の中には、自分ではどうしようもない部分があって、しかもそれがものすごく強力で手が付けられなくて、人生を思わぬ方向へと導いてしまうこともある。それは無意識の世界の働きかもしれない。自分が自分だけのものではないからそういうことが起こる。そういったものと折り合いを付けていくしかないいんです。そう考えると、人生が豊かになる。

――どんな人に読んでもらいたいですか？

いろんな組織のリーダーや、経営者の方に読んでいただきたい。人を引っ張っていくとき、

私が私自身にのみ属していることをやめ、
そのような権利を放棄したのはこの時である。
この時から、私の生命は一般のものとなった。

カール・グスタフ・ユング、アニエラ・ヤッフェ編
『ユング自伝—思い出・夢・思想』より

チームで仕事をするときに、つい「何でできないんだ」とか「こうしなさい」と言ってしまいがち。でも、人間関係がうまくいかない最大の原因は、相手のことを自分の思う通りに動かそうとしていることですよね。だから、そんな風に相手を責めてもしょうがないこともある。相手の心の中にある無意識が、自分が理解できないような働きをしているんだ、と思えば心に余裕が出てくる。ひょっとしたら自分が思ったのとは違うやり方で同じ仕事ができるかもしれないでしょう。

ユングは合理的でありすぎることを危ないと感じていたんです。人間には合理性だけでは割り切れない何かがあると信じていて、占いや宗教についても研究していた。今の世の中で「経営判断に占いを取り入れています」と言ったら頭がおかしいと思われるかもしれないけれど、想像力の部分を切り捨てて合理性だけで社会を成立させようとすると、生きづらくなると思いませんか？

かがみ・りゅうじ　1968年生まれ。心理占星術研究家、翻訳家。国際基督教大学卒業。同大学院修士課程修了（比較文化）。占星術を心理学的側面からアプローチし、ほかにも古代から続くさまざまな占いや呪術などの歴史に造詣が深い。雑誌、テレビ、ラジオなどで活躍する。

プロゴルファー

中嶋常幸

自分を受け入れることで
スランプでも
乗り越えられる

守部喜雅『聖書を読んだサムライたち』

――中嶋さんはプロになる前から練習量が多いことで有名。どれくらい練習されていたのでしょうか。

高校生のころ、夏休みに1日2000発打ってました。これだけ打つ人はなかなかいないですよ。へたをすると、体を壊してしまうかもしれない。両親のおかげかもしれませんが、体が丈夫だったので、それだけの練習量に耐えることができました。

練習がつらいと感じたことはあまりない。父親の指導は厳しかったと思うけれど、僕は厳しくされないとダメなタイプ。ほめられて伸びる人もいるだろうけど、僕の場合は反発心。「こん畜生」と思うことがエネルギーになる。父親はそれを見抜いていたのかもしれない。厳しくしないとこいつはダメになると思ったんでしょうね。

父親に対して反抗もしましたよ。よく家出もしました。誰がこんなところにいるかって。横浜から船に乗ってアメリカに行こうと思ったけど、どの船がアメリカに行くのか分からなくって、ずっと山下公園をぷらぷら歩いたり。乗った船がへたに中近東に行ったりしたら帰ってこられなくなっちゃうからね。中学2年生のときかな。

練習自体はいくら激しくても耐えられるんだけれども、練習以外でね。例えば父親は、返事がないのは大っ嫌いなんですよ。問いかけに返事をしないでちょっとでも黙っていたりしたら、「なんだ貴様は」となる。それだけでよく怒られた。古い人だったんでしょう。

――ゴルフでは技術だけでなく、精神面も重要と言えますよね。

よくスポーツの世界では、「心技体」と言うでしょう。僕はこの3つのうちどれかひとつでも欠けていたら高いパフォーマンスを発揮できないと思う。技術や体力がなかったら、心技体の「心」の部分に負担がくる。つまり、心がつらくなって苦しくなる。だから気持で負けないようにしなければならないんだけれども、技術や体力を伸ばしていけば心への負担は軽くなる。

ただ技と体が好調であっても、ゴルフコースでちょっとギャンブルっぽい攻め方をしていると、慢心しているんじゃないか、と教えられるんですね。3発打って2発成功するようなショットはギャンブルではないですよ。でも2発打って1発しか成功しないようなショットは、ギャンブルです。2発のうち1発しか成功しないといっても、自分の心技体が全部おろそかになっていたら、失敗する確率はさらに下がる。でも、技術も体もできあがっていて、自分がしっかりと心を見つめることができていれば、成功する確率はさらに高くなる。

――スランプはどうやって乗り越えたのでしょうか？

1995年に父親が亡くなって、さすがに張り合いがなくなった。どんなに試合をがんばろうとしても、張り合いがなくて、どんどんパフォーマンスが落ちていく。努力しようと思っても、前に進むエネルギーが出ない。それがスランプでした。

ただ、時間が経つにつれていろんな解決方法にめぐり合えたのがよかったですね。例えば、良いものに出会う努力をして、モチベーションを上げる。テレビを見るならドキュメンタリー番組にするとか。マンガを読むなら歴史物や伝記にするとか。自分を磨けそうなものに対して意識して接することが大事だと思います。

家内がクリスチャンだったので、教会にも行きました。教会に行くと、力まないというか、肩肘張らない生き方について考えるようになる。教会についての本や、キリスト教についての歴史について読んだりしました。

そして、自己受容、つまり今の自分を受け入れるっていうことが大切なんだという話を聞いたことが大きかった。成績が落ちていく自分を見るのはいやですよね。こんな俺は俺じゃないと思いたくなる。あのトッププロの中島が俺のはずだ、と。でもそうじゃなくて、今の自分が自分じゃないか、受け入れようと考える。今まで一生懸命やってきたし、今でも応援してくれるファンはいる。じゃあこれからがんばって、新しい自分に会おう。このスランプを乗り越えた先に、ひょっとしたら新しいプロゴルファー中島が待っているかもしれない、その彼に会いたいと思うようになったら、スランプをいやだと感じなくなった。

「すべては最善のためにある」という言葉も教えられた。こんなスランプでも最善のためにあるのかと。今となってはあのスランプがあってよかったんだなって思えますね。

――そんな中嶋さんがお薦めの一冊は？

『聖書を読んだサムライたち』という本です。この本は、家内が読んでいたんです。偶然見つけて僕も読んだ。僕が読むのはゴルフの本が多いけれども、歴史の本も好きですね。

読んでみて、明治維新のころにこれほど多くの人たちが聖書に触れたということにびっくりした。宣教師や牧師に影響を受け、有名な大学を作った人もいる。そして、キリスト教とは最も対極にありそうな、反発しそうな武士が影響を受け、クリスチャンになったり。あの坂本龍馬を暗殺したと言われている今井信郎も、晩年キリスト教に傾倒していくんですね。幕末の志士たちの歴史も、聖書という観点から見ると違った面白さが出てくる。歴史というのは、こっちから見たり、そっちからも見たりと、いろんな角度から考えると、幅が出てさらに面白い。

人生にちょっと悩んでいる人が読むといいかもしれない。自分が変われるきっかけって意外と小さなものだよね。つまずいている人も、本当は小さな石につまずいているだけなのに、大きな岩のように感じちゃうでしょ。でも、こういった本を読むと、なんだ小石じゃないかって思えるかもしれない。

――昔と比べて、戦い方は変わってきましたか？

違いますね。若いときは人との競争に主眼があった。ライバルと戦うことがメイン。今は、自分との戦いですね。自分の体が年齢とともに硬くなってきて、若いときのような体のしながない。石川遼くんのように打ちたいけど、あんなことしたらすぐにどこかの骨が痛くなって病院にいかなきゃならない。自分がやろうと思うスイングを体で表すことができないんです。そこが一番つらいところだけれども、若いときとは違って、どう戦っていくかを自分の体と話し合いながらやるという感じですね。

昔はよく、青木功さん、尾崎将司さん、中嶋で「AON時代」と言われたけれども、今の若い人たちはすばらしいと感じています。本当に高いパフォーマンスを発揮するし、技術レベルはずいぶん高くなりました。アメリカにタイガー・ウッズが現れて、技術革新が起こった。みんなが300ヤード飛ばすようになって、より遠く、より正確にというゴルフになった。日本も少なからずその影響を受けています。日本の未来を考えたときに、スポーツが果たす役割は大きいと思う。そんな中で少しでも役に立てればと、自分の練習場を夏休みとか冬休みに子供たちに提供するつもりです。若手を育てたいですね。

なかじま・つねゆき　1954年生まれ。10歳からゴルフを始め、1975年にプロ入り。日本ゴルフツアー通算48勝は歴代3位。世界4大メジャー大会すべてでベスト10入りしている唯一の日本人プレーヤー。

作家

白取春彦

思惑や計算のない言葉を大人が子供にかけられずにいる

――哲学の本は昔から読んでいたのでしょうか。

小さいころはマンガばかり読んでいて、マンガ家になろうと思っていました。中学生になってから、北杜夫の『どくとるマンボウ航海記』などを読むようになって、活字が面白いんだなってことに気づきました。

詩は小学生のころから書いていて、新聞に載ったり、ラジオで朗読したりしていたんですね。

詩集もたくさん読んでいて、15歳くらいのときにニーチェの全詩集を買いました。ただ、哲学者とは知らずに買ってるんですよね。そうとは知らずに読んでいました。

15歳のころは本当に悩んでいて、答えが欲しくて、人生論を読んでいました。人生とは何か、これからどう生きていけばいいのかとか。単にこれから高校に行く、働くといったことではなくて、もっと深いことが知りたかった。親に聞こうと思っても親は教えてくれないし、誰も教えてくれないんでしょうがないから本を読んだわけです。

でも、答えはぜんぜん見つかりません。

――どのような経緯でドイツの大学で勉強することに？

獨協大学に入って夜はドイツ語の語学学校に通っていました。試しに行ってみるかと思ってドイツに行き、半年か1年くらいで帰ってくる予定だったんですけど、すぐに帰るのもかっこ悪いなと思って、大学の試験を一応受けようと。難しい大学を受ければ落ちるだろうと思ったので、ベルリン自由大学を受けたらたまたま受かっちゃって。結局、6年半ドイツにいました

ベルリンではなぜか俳優もやっていました。エキストラから始まってだんだんセリフのある役をやるようになって、そうしたらドイツ政府から俳優年金を払ってくれと言われたんですよ。それで俳優はやめました。俺は何をやってるんだ、俳優なんかに向いてないのに、とか思いました。

そうこうしているうちに日本の大学から助教授にならないかというお誘いがありました。でも準備して帰ったら、講師でいいかと言われて。その話はお断りして、新宿に小さな編集プロダクション会社を自分で作りました。執筆や翻訳の仕事をいただいて。当初は宗教関係の本が多かったですね。

——65万部を突破した『超訳　ニーチェの言葉』で編訳としてあの哲学者の言葉をまとめました。（注・2011年3月時点で100万部突破）

出版社から、名言のシリーズがあるからやってみないかと2、3年前に声をかけていただいていたんです。それで、ニーチェの本を読んでいたら、良い言葉があるなぁと思って。これをさらに料理すれば、もっと良くなるのではないかと。ほかの哲学者の言葉だとたくさん説明をしないと分かってもらえない。でも、ニーチェの言葉ならば、ある程度料理するだけですみそうだった。だからニーチェを選んだんです。

数ある中から本に入れる言葉をどうやって選んだかというと、まずニーチェの本を読みながら、自分の感性でこれはいいなと思うものをピックアップします。そして、原書も参考にしながら、今の人にも分かるように文章を組み立て直したり、ちょっと手を加えたり削ったり、音楽的に配列し直したりするんですね。

——まさに、「超訳」ですね。

ニーチェ自身が書いているんですよ、哲学は学問ではなく芸術だって。だから僕は文体を現代風にしたかったんです。これまでのニーチェの本では、翻訳は原文に忠実なのはいいのですが、なんと言うか、学者の生真面目さがあって。やっぱり、文章に色気や華や音楽的な要素がないと、多くの人の心に訴えかけることはできない。

例えば、『超訳　ニーチェの言葉』には、こういう言葉があります。

愛は赦す。
愛は、欲情することをも赦す。

元の翻訳を確認すると、漢字が「許す」となっていたんですね。許可の「許」です。これだと、偉い人が下の人に許すという感じがしたので、もっと対等になるように「赦す」としたんです。赦免の「赦」ですね。あと、1行目はなかったんです。「愛は、欲情することをも赦す。」だけでした。でも、1行目の「愛は赦す。」を追加することで、音楽的になるんです。

ニーチェがこの言葉を書いた当時は、キリスト教の道徳感がヨーロッパを覆っていましたから、「欲情することをも赦す。」なんていう表現はすごいなと思っています。実は、ニーチェの言っていることは、口説き文句としても使えるんですよね。今紹介した言葉も、女性は意外と好きなんですよ。男性はピンとこない人が多いけれども。

――こうした哲学についての本が広く受け入れられている背景には何があると考えていますか？

お金とか、効率とか、成功とか、そんな言葉ばかりがあふれている世の中ですよね。大人たちが少年少女たちに言うことすべてに、思惑がありすぎるんですよ。例えば、勉強しなさいって言うけれども、勉強して本当に賢くなってほしいという意味ではなく、勉強していい学校に入っていい会社に就職すれば、要するに経済的に潤った生活ができるよという思惑がある。でも子供は、すぐ分かるわけですよ。そんなものじゃないんですよ、子供が欲しい言葉は。

子供は自分のことを本当に心から励ましてほしい、あるいは、未来に向けて思惑とか計算のない言葉が欲しい。けれども、そういう言葉はかけてくれないんですね、今の風潮では。社長が社員に対して語りかけるとき、あるいは、先輩が後輩に対して語りかけるときもそうです。いつも何か、経済がらみというか、成功とか失敗とか評価といったものにからんだ話ばかりなんですよ。もっと生身の人間が生きているような言葉、背中を本気で押してくれる言葉というものがないんですね。

――そんな若い人に向けてお薦めのニーチェの言葉はどれでしょう。

やはり、「夢に責任を取る勇気を」ですね。

過失には責任を取ろうとするのに、どうして夢に責任を取ろうとはしないのか。

それは自分の夢なのではないか。自分の夢はこれだと高く掲げたものではないのか。それほど弱いのか、勇気がないのか。

それは自分だけの夢ではないのか。最初から自分の夢に責任を取るつもりがないのなら、いつまでも夢が叶えられないではないか。

これは逆転の発想ですね。みんな過去についての責任の話ばかりしているけれども、未来についての責任を考えたらどうだと。こういう発想をした哲学者はほかにいないかもしれません。

しらとり・はるひこ　1954年生まれ。獨協大学外国語学部ドイツ語科卒。ベルリン自由大学で哲学・宗教・文学を学ぶ。1985年に帰国後、著述業に専念。哲学と宗教に関する解説書の明快さには定評がある。

第7章

希望を探している人へ

音楽家

谷川賢作

即興演奏を見て枠にはまらない生き方に衝撃を受ける

キース・ジャレット『インナービューズ』

――お仕事に震災の影響はありましたか？

3月11日から1週間くらいは何もできませんでした。何だかあぜんとしてしまって。今手元にできたばかりの中学校の校歌があるのですが、遅れてしまって3月末にようやくできたものです。これ、作詞は父（谷川俊太郎）なんですけれども、詩はもう震災前にできていたんですね。彼は仕事が早くて、依頼があるとすぐ書いちゃう。僕はだいたい、締め切りの前日の夜に七転八倒して、でも完成しなくて、締め切り日に催促の電話があっても怖くて出られないような感じです。親子でもまったく違いますね。

校歌を手がけたのはもう30校以上になります。普段の仕事はと言うと、テレビや映画の音楽を作ったり、全国を演奏で行脚したりしています。例えば、ハーモニカの続木力さんとやっているパリャーソというグループや、父と朗読のコンサートも。年間の3分の1、120日くらいはどこかで演奏しているんです。

――お父様といっしょに仕事をするのはどんな感じですか？

いっしょにやるようになって、もう20年くらいになるかな。かつては恥ずかしいという感覚もありました。父は飽きっぽいのですが、好奇心のかたまりのような人です。彼自身が、繰り返しが嫌いなんですよ。常に何か新しいことをやってやろう、お客さんをびっくりさせてやろう、笑わせてやろうという感じ。そこがいっしょにやっていて面白いですよね。

例えば、書いたばかりの詩を朗読することがあるのですが、学校での公演なのに、校舎が燃えているとか、ピアノが爆発したというような内容だったりして。フィクションなので子供たちはキャッキャと喜んでいるけれども、僕ら大人は頭が固いので冷や汗ものです。


――音楽家の方々は、震災後どのような状態だったのでしょうか。


普通の方と同じだと思うのですが、あっけにとられて、放心状態ですね。覚悟ができていなかったので。世界はこんなに薄い氷の上を歩いていたのかと。音楽をやっている場合ではない、どうしたらいいんだろうと途方に暮れていました。でも、ミュージシャン仲間が集まって、演奏していたら、元気が出てきました。この人たちは変わらない音を聞かせてくれるんだなって。チャリティーで演奏会を開いたら、こっちも元気をもらえたんです。

これまでは、音楽ができて毎日楽しかった。充実していた。それだけで、深く考えるのをサボっているようなところがあった。これからは、もっと考えなければいけないと思います。何をかというと、偽善的に聞こえるかもしれませんが、どうしたら人の役に立てるかということですね。

子供たちからの提案で、以前僕が書いた曲をみんなで合唱してそれをレコーディングすることになりました。チャリティーで、その音楽とＣＤの売り上げを被災地の子供たちに届けるんです。この提案を聞いたとき、考え込んでしまいました。でも、ＣＤを作るのに使うお金があるなら、それを被災地にそのまま届ければいいのでは、なんていじわるなことを言わずに、子供たちの気持ちを受け止めようと。プロジェクトは大変なのですが、ボランティアを集めて、みんなでＣＤを作って、売って、そのお金を届けることにしました。

——そんな谷川さんがお薦めする一冊は？

キース・ジャレットの『インナービューズ』という本です。アメリカの世界的ジャズピアニストの自叙伝と言っていいかな。彼はスタンダードな曲はもちろん上手に弾けるけれども、即興演奏が得意なんです。自分の人生や、音楽に対する考え方などが書かれています。内容は、ものすごく腑に落ちる部分と、これはやっぱり言いすぎなんじゃないかっていう部分に分かれますね。

彼のコンサートとほかの人のコンサートはまったく違います。僕は、ほかの人のコンサートにはとても楽しみに行きます。でもキースのコンサートは、自分にとって修行のようなもので、怖いものを見たくて行くんです。楽譜が一切ない即興の演奏なのですが、彼が獰猛な欲望をとぎすまして、何かが降りてきたようにピアノを弾く。それをいっしょに体験しているような感覚です。

今の芸術家が抱えている最も大きな問題のひとつは間違うことを恐れて冒険をしないことだ。

結果的に間違ってしまうかもしれない。

でもインプロビゼーションというのはそういうものだし、それはまた人生についてもいえることだ。


キース・ジャレット『インナービューズ』より

――即興演奏の魅力は？

私たちが通常心地よいと感じるようなメロディがまったく出てこないときがあるんですね。すごく抽象的だったり。それがずっと続いた後に、突然スタンダードナンバーが聴こえると、会場にいる人たちがみんな、はぁーっとため息をつく。それがとても美しいんです。その体験が、好きなんですよ。怖いけれども。

この本は、迷っている人に薦めたいです。ただ、キースの主張が強烈すぎて、もっと迷ってしまうかもしれない。けれども、本を読んですべての部分でフムフムと腑に落ちたらつまらないですよ。常に新しい課題を求めている人ならヒントになると思います。

人ってプランを立てて行動するのが好きでしょう。僕もそうですし。プラン通りにいったほうが安心する。でも、世の中ってプラン通りにはいかないですよね。即興演奏的に動いているんです。こうやってインタビューを受けることだって、ジャズの即興と同じですよね。落としどころが分からない質問に答えていくことから、僕自身すごく学べるんです。

たにかわ・けんさく　1960年生まれ。父は詩人の谷川俊太郎。ジャズピアノを佐藤允彦に師事。1986年に映画『鹿鳴館』で作曲家デビュー。日本アカデミー賞優秀音楽賞を3度受賞する。テレビ番組ではNHK『その時歴史が動いた』などを担当。谷川俊太郎の現代詩を歌うバンド「DiVa」を結成し全国で演奏している。

立命館理事長

長田豊臣

人間は単純ではない。どんな状況でも生きていこうとする

川口有美子『逝かない身体』

――今の大学のあり方をどう考えていらっしゃいますか？

日本の高等教育制度が時代の要求に合わなくなってきている。日本の大学は、欧米にキャッチアップすることを目標に、均一なカリキュラムで学生を育ててきた歴史がある。１００年の間にキャッチアップすることができたが、今の日本には、もはやまねる対象がなくなっている。あるべき姿を自分で考えないといけないため、キャッチアップ型の教育体制は限界だ。僕は私立大学の理事長、つまり企業でいえば経営トップであるので、時代に合わせられるよう工夫している。多様な入試方式を取り入れているのも、多様性の中から知的で創造的な学生が出てくると考えているから。だから、同じような取り組みをしている早稲田や慶應などの私立大学もとても元気でしょう。

立命館では映像学部や生命科学部などの新しい学部を創設してきた。生命科学部は科学の対象領域が生命体に移りつつある中で新設したわけですが、単に机のうえだけで学ぶのではなく、その先に企業と結びついて、産学連携でやる必要がある。

映像学部は、かつて東洋のハリウッドと言われた京都・太秦にある撮影所を保有する松竹が今後どうするか検討しているときに、山田洋次監督に会いに行って、話し合って設立する方針を決めた。日本の宝とも言える日本映画のＤＮＡは京都に蓄積されている。松竹も立命館と連携して撮影所をリニューアルすることにし、そこにうちの学生が撮影スタッフとともに学べる場所を作った。産学連携で作った映画『京都太秦物語』はベルリン国際映画祭でも評価されました。

やっぱり、大学というのは知的活動のアリーナですよね。知においてアクティブでないといけない。例えば中国の古典を研究していても、それを現代にどう生かせるかという新しい視点がなかったら、学問は死んでしまう。好事家の学問になってしまう。

――アメリカ史を研究し、3度の留学も経験した。アメリカから学んだものは大きい？

僕は立命館の出身で、初めは日本史をやりたかったけれども、西洋史に転向した。そのうち、専攻ごとに別れて閉じこもって研究するのはおかしいんじゃないかと思って、アメリカの大学を見に行った。帰国してから文学部長になって改革に取り組み始めたが、アメリカの大学からはかなり影響を受けたと思う。

あらゆるものを多眼的に、つまり多くの目で見るということが重要。そのためには国際化ですよね。日本の大学が外国の学生を受け入れないといけないし、日本の学生も外国に行かなければ。でも、最近の日本の学生はあまり留学したがらない。ハーバード大学への留学生も減っているでしょう。

6000人いる学生の約半分が留学生である立命館アジア太平洋大学を設立し、講義を2カ国語で行っている。また、海外留学プログラムも充実させている。英語は半年くらい特訓してやればすぐできる。求められているのは、知的体力を持った人。自分の頭で考え、判断できる価値観をしっかり持った人でしょう。知識に頼る時代は終わっています。ポケットの中に百科事典を持ち運べる時代ですから。自分の持っている知恵で状況を切り開くことができる人が必要です。欧米のほうがはるかにそういう教育が進んでいる。

そういった人材を育てるために必要なのは、学際的な領域を作ること。総長在任中に応用人間科学研究科や先端総合学術研究科といった多様な領域にまたがり研究者や学生が集う大学院を作ったのも、強い問題意識があったから。

――そんな長田さんが紹介したい一冊とは？

『逝かない身体』という本です。この本を書いたのは、川口有美子さんという、立命館の大学院生なんですね。彼女は普通に結婚をしてイギリスに渡って暮らしていたが、お母さんがＡＬＳ（筋萎縮性側索硬化症）という病気にかかった。次第に筋肉や神経がダメになって、聴覚、視覚は大丈夫だが、眼球も動かせなくて、寝たきりの生活になる。

このお母さんは、そんな病気になると分かったら死にたいと言っていたらしい。我々も、もしそんな病気になったら死んだほうがいいと思うかもしれない。自分が死んだほうが、家族も

どんなに重症の患者でも、
自分は人として最期まで
対等に遇されるべきだという
意識で満たされている。

川口有美子『逝かない身体』

楽になるのではないかと。尊厳死という言葉もある。でも、当の本人は必死で生きているわけです。この本を読んだら、人間はそんなに単純なものではなくて、どんな状況でも生きていこうとする、眼球さえ動かせない状態でも生きるという意志を持ち、それを強烈に自己主張していく。やはりそれが人間なんだなあと教えられました。とてもショックでしたね。

長生きするＡＬＳ患者は、自己愛と周りの絶対的肯定によって支えているのだそうです。生物は生きようとするものなんですね。人間は生きることにポジティブであり、執着しているからこそ、生命の尊厳があるんだということです。今の世の中、合理主義だけで考えるのは間違いではないか。この本を読まなかったらそうは考えなかったと思いますよ。人生観変わりましたね。

だから、自分の家族が病気になったりして、生きるとはどういうことかを考えている人も、そういった問題にはまだ直面していない人にも、読んでもらいたい。読んだら考えざるをえないでしょうね。

ながた・とよおみ　１９３８年生まれ。アメリカ史学者、文学博士。学校法人立命館大学理事長。プリンストン大学客員教授。専門はアメリカ南北戦争前後の歴史。立命館大学卒業後、プリンストン大学、コロンビア大学などで学ぶ。アメリカ学会元会長。

スギ薬局社長（当時）

米田幸正

商社から〝卒業〟して転身。家族の後押しを受けてチャレンジ

コリン・L・パウエル、ジョゼフ・E・パーシコ
『マイ・アメリカン・ジャーニー』

――ドラッグストア業界に転身される前に商社で活躍されていました。

商社では27年間働いていました。主にアメリカへ車の輸出を担当していたんです。それからドラッグストア関連の仕事に携わることがあって、「チャレンジしてみないか」と声をかけられたんです。50歳を過ぎて、残された時間で挑戦してみたいと思い、決意して違う業界に転身しました。

家族の後押しが大きかったですね。２人の子供に、「学校には卒業があるけれど、会社には卒業ってないの？」と言われた。商社を卒業すれば、また違う世界があるんじゃないかと。とても迷って、自分が商社で経験してきた資産が役立てられるのか不安でした。でも、子供たちの声にも背中を押され、チャレンジしようという気持ちが上回ったんですね。

まずドラッグストアとスーパーをしている会社の経営に入り、小売について細かく勉強した。それからベビー用品の製造販売会社に入って海外担当に。それからスギ薬局にきたのですが、創業者の杉浦広一会長とは以前から面識があって、熱く語り合ったこともあります。方向性が近かったので、この思いでやればいいと感じた。だから、スギ薬局で社長をやることについては、それほど悩みませんでした。商社を辞めるときのほうが、10倍くらい悩みましたね。だから、人生で一番大きな決断と言えば、商社を辞めて小売業界に転身したことです。

――薬事法の改正により、異業種も参入し、競争は厳しい業界ですが。

危機意識がないと言えば嘘になる。60年間保護されてきた業界だが、薬を売ることに関してはプロ。確かにドラッグストアでは化粧品や日用品も売っているが、薬を売ることの専門性を高めて競争力を磨く。スギ薬局は処方箋に対応できる調剤併設に力を入れてきた。最近は抗がん剤を調剤できる無菌調剤室の併設も増やしている。こうした設備を持つドラッグストアは珍しいかもしれないが、高齢者が増える社会において確実にニーズがある。病院ではなく自宅で末期医療を受ける方のためには、抗がん剤を無菌状態で調剤しなければならない。これから病院でベッド数が減ってくれば、訪問看護などによる在宅医療が重要になってくるんです。

アメリカでも調剤併設型で専門性を高めたドラッグストアチェーンが主力になっています。ウォルグリーンやCVSなどです。こうしたチェーンをベンチマークにして、地域に医療を提供するドラッグストアとしてやっていきたい。

――そんな米田さんがお薦めする一冊を教えてください。

アメリカで国務長官を務めたコリン・パウエルの自伝『マイ・アメリカン・ジャーニー』です。商社時代、アメリカに駐在していたとき湾岸戦争があり、参謀長がコリン・パウエルだった。日本に戻り、彼の本が出たので読んだのですが、こんなに苦労したのかと驚きました。

父親はジャマイカの移民で、ニューヨークで仕立屋を営んでいました。ダウンタウンで育ち、学業を修め、ある日チャレンジ精神に燃えて軍に入ることを決意する。軍こそがアメリカの中で差別がないところだと。でも将校のときに、奥さんと車で移動中、黒人だからとトイレを貸してもらえなくて、車と木陰との間で用を足さないといけなくなった。ハンバーガーショップに行ったら、黒人だからと追い払われたんです。こんなに辛い経験をしたけれども、だからこそ自分がアメリカに尽くし、良くしなければとがんばって、国務長官まで上りつめた。

この本をここで紹介したのは、生意気かもしれないが、今の日本にはこうしたメッセージが必要なのではないかと思ったんです。この本では、トーマス・ジェファーソン大統領の言葉が紹介されています。アメリカ国民として生きるうえで、国家からいろんな恩恵を受けている、だからこそそれを返さなければならないと。こうした国家や国益についての意識が、日本では薄くなっているのではと感じるんですね。

特に感銘を受けたのは、本の最後にあるコリン・パウエルの13のルールです。彼の自戒の言葉で、私も迷ったときに読み返すようにしています。パソコンで印刷して、会社の机に入れてある。13のルールの中には、「楽観的であれ、力は何倍にもなる」というものがあります。これはとても共感しました。新しいプロジェクトに取り組むときには、社内からも「何をやってんだ」と言ってくる人はいるわけですよ。そうした悲観論者に「ノー」と言われるのではなく、何事も思っているほどは悪くない。
朝になれば状況はよくなっている。

コリン・L・パウエル、ジョゼフ・E・パーシコ
『マイ・アメリカン・ジャーニー』より

彼らに「イエス」と言わせるには、何倍も何十倍もエネルギーを使わないといけない。コリン・パウエルはそれを実現してきた人だし、勇気をもらいました。家の机にも13のルールを書いた紙を置いて、自分の中のスイッチを切り替えるために読んでいます。

経済や経営やマーケティングの本はたくさんあります。でも、こういった社会に対する自分の立ち位置やあり方を伝えてくれる本はなかなかない。30代、40代のビジネスマンが読んで、社会に対するコミットメントとは何か、自分がどう役に立つかということを考えてみてほしい。

彼が将軍になったとき、かつて追い払われたハンバーガーショップの前の通りが「コリン・パウエル通り」という名前になったんです。アメリカらしい話ですが。いろんなことがあったけれども、彼はヒーローとしてその場所に迎えられて、演説をする。それがすばらしい内容でした。いかに黒人が障害を乗り越えてきたか。先人たちが犠牲を払って積み重ねてきたものを忘れてはならないと。そして若者たちに、どうぞ自分たちを踏み台にして新しいアメリカ社会を作ってほしいと訴える。彼は大統領選への出馬を勧められているんです。でも、辞退した。出馬すれば当選は確実とも言われていたが、「まだ早い」と。だからオバマ大統領が誕生したとき、パウエルさんが一番大きく拍手をしたんだと思いますね。

よねだ・ゆきまさ　1950年生まれ。1976年に北九州大学（現・北九州市立大学）を卒業。伊藤忠商事に入社。2008年にスギホールディングスの代表取締役社長兼COOに就任。

アイリスオーヤマ社長

大山健太郎

ジョギングでプラス思考に。新商品の判断は必ず自分で

池谷裕二『進化しすぎた脳』

――19歳のとき病気で倒れた父親の後を継ぎました。

高校3年生のときに父がガンになり、8人兄弟の長男だったので私が会社を継ぐことになりました。大阪にある社員5人の小さなプラスチック工場です。生活するためには仕方がないので、悩んでいる場合ではなかったですね。それから順調に会社は大きくなっていったんですが、10年後にオイルショックの影響で倒産寸前まで追い込まれました。このときはつらかった。

水産や農業のプラスチック資材を作っていたんですけれども、注文がどんどんくるので、設備もどんどん拡張していました。ところが、この注文は需要を反映したものではなかったんです。原油価格が上がるので、来年よりも今年のほうが安く買えると考えて、前倒しで注文がきていただけなんです。原油価格が下がりだすと、急に注文がこなくなった。お客さんの倉庫に行くと、我々の商品が山のように積まれてあった。もう投げ売り状態で、業界全体がそうでした。10年間で積み上げてきたものがあっというまになくなるという経験をしたわけです。

――その苦境をどのように乗り越えたのでしょうか。

オイルショックの前と後でまったく違う会社になりました。産業用資材をいかに品質を保ったまま安く大量に作るかというプロダクトアウトの考え方から、自分が欲しいもの、潜在的にニーズがあると思ったものを作ろうという考え方に変わったんです。まずスタートしたのが園芸用品。今から30年前ですから一般の家庭ではまだそれほど園芸用品は使われていなかった。でも生活が豊かになれば、お庭をきれいにしたい、部屋で草花を育てたいというニーズがあるはず。そうしたらガーデニングブームも起きました。ペットもそうですね。ゆとりができれば犬や猫を飼いたくなるし、子供が独立したら夫婦2人だけになって、ペットを飼おうと思うでしょう。そうしたら、家の中に置く犬や猫のトイレが必要になる。ペットブームも起きて、私は自分が欲しいと思うものを作ればニーズがあるのだと確信しました。

ヒントは、高校時代にたくさん見た映画にありました。特にヨーロッパ映画を、月に何十本と見たんです。当時のヨーロッパの生活や社会を見て、もちろんそのころの日本とはレベルが違うわけですが、いずれ欧米のようになるだろうと感じていた。マーケティングやデザインについて勉強したのではなく、映画から学んだことが役に立ったわけです。

――売上高1000億円にまで成長したわけですが、商品開発はすべて社長が決めているのですか？

今でも私が最終的なジャッジをすべてやっています。月曜日に新商品のジャッジをしているんですけど、毎週どんな新しいものができるのか楽しみで仕方がないんですよ。世界で初めて透明な衣装ケースを開発しました。衣装ケースの主な役割は「しまう」ことですが、しまった物を「探す」ことにソリューションがあると考えたわけです。今では世界中で透明な衣装ケースが売られています。コピー商品も多いのですが。

商品開発での判断のポイントと言えば、自分が欲しくてニーズがあるのはもちろんですが、ほかに挙げるならば値ごろ感ですね。開発する人は原価を知っています。原料代や製造コストを足し算して値段を決めようとする。でも、お客さんにしてみればそんなことは関係がない。値ごろ感がなければ買わないわけです。ですから、「この価格で作れるか」と逆算して考えなければならない。

例えばＬＥＤの電球を開発するのに、ほかのメーカーでは原材料などを足し算して４０００円で売ろうと考えていたとしても、実際に家庭の主婦が60ワットの電球をいくらなら買うのか考えると、いくら電気代が節約できるとしても２５００円くらいではないかと。では２５００円で売れるＬＥＤ電球をどうすれば開発できるかという発想をするわけです。

――大山社長から紹介していただける本は、脳についてのものだとか。

東京大学で脳の研究をされている池谷裕二さんの『進化しすぎた脳』です。この本は、慶應義塾ニューヨーク学院高等部で行われた講義がもとになっているんです。内容は最先端の大脳生理学についてのものなのですが、高校生に向けて語っているので分かりやすいんですね。脳

「心」というのは脳が生み出している。
つまり、脳がなければ「心」はない。
でも、体がなければ脳はないわけだから、
結局は、体と心は
密接に関係していることがわかる。

池谷裕二『進化しすぎた脳』より

については興味があって、いろいろ本を読んでみたのですが、これほど興味深いものはなかった。社員に配って教材にもしました。

いったい自分とは何だろうって、誰もが考えますよね。私も小学生のころからずっと考えていた。そして、自分とは心ではないか、では心とは何かというと、その答えがこの本に書いてあったんです。心は脳が生み出している。そして脳は体の一部だから、心と体はつながっているのだ、と。私は禅宗の教えの中で「心身一如」という言葉が好きで、30歳のころから座右の銘にしています。心身一如とは、要するに心と体はひとつだということです。それが、大脳生理についての本にも書いてあって、やっぱりそうだったんだと感心したわけです。

心と体が密接に関係しているというのはとても納得ができます。社長というのはけっこうなストレス業なので、朝早く起きてジョギングすることにしたんです。すると、不思議とプラス思考になれる。オイルショック後からなので、もう36年くらいでしょうか。毎週欠かさず、社員といっしょに走ることもあります。前向きになれてとてもいいです。

おおやま・けんたろう　１９４５年生まれ。１９６４年に父親の後を継ぎプラスチック成型加工の大山ブロー工業所の代表に就任。１９７１年に株式会社化。１９８１年に消費財の分野に進出。ホームセンター向けのプラスチック製品のトップメーカーに育てる。

コナカ社長

湖中謙介

新しい商品を先んじて提供。
みんなで力を合わせて
進みたい

早房長治『現在窮乏、将来有望』

――5年前に社長になってから、斬新な商品を次々投入しています。

新しいものを提案し続けるのが私たちのつとめだし、会社の存在理由だと思っています。常にほかよりも先んじて提供するのが私たちの強みです。紳士服の小売業では商品が命なので、お客さんに喜んでもらえなければ生き残っていけません。お客さんから「良かったよ」という声をいただくと励みになります。例えばシャワーで洗えるウール100%の「シャワークリーンスーツ」では、本当に洗っても傷まなかった、着心地も良いと言ってもらえた。

商品を企画するとき、スタッフから出たありえないような案がいいアイデアになったりもするんです。小さなヒントを決してバカにせず、できるだけ挑戦しようと思って研究開発しています。シャワーで洗えるスーツも社員のアイデアです。家庭で洗えるスーツというのはこれまでもあったのですが、洗濯機で洗うとどうしても少し傷むし、着心地も少し悪くなる。じゃあシャワーで洗えてウール100%で着心地のいいものができたらお客さんも喜んでくれるだろうと考えたんです。それを生産担当の人に聞いてみたら、実現できないのではと言われて。だったら、よそも作れないはずだから、ぜひやってみようと。挑戦心みたいなものがむくむくと湧いてきたんです。

アイデアをすべて商品化できるわけではありません。商品を企画してから作るまで10カ月から1年かかりますが、その間に涙を飲んで企画を止めたものもたくさんあります。商品力はあるものの値段が高すぎるとか、この性能だとお客さんの要求にまだ応えられないなどのケースがほとんどですね。

――創業50年あまりの紳士服大手を率いているわけですが、社長自身はどのようなタイプ？

私は創業者ではないので、そんなに強いカリスマ性があるわけではなく、グイグイ引っ張っていくというタイプではありません。社員のみなさんとよく話をして、自分としてはこう考えるので力を合わせてやりましょうと訴えるようなスタイルですね。これが自分の一番得意なやり方なんです。

商品を開発するときも、こうしろ、ああしろと一方的に言うのではないんです。今の技術ではできないのなら、どういう研究をすれば可能性があるかと社員に聞く。可能性がゼロではないのなら取り組んでみようと、これができたら私たちの武器になるじゃないかと訴える。そして研究が進んだら、次はこんなこともできるんじゃないかとどんどん注文をつける。

紳士服業界を取り巻く状況はなかなか楽観できませんが、お客さんに必要とされる商品を提供することが大切だと考えています。コナカでしか買えないものを好きになってもらうことで、単に価格だけじゃない魅力を感じてもらおうと。例えば、プロゴルファーの石川遼さんにいっしょにプロデュースしてもらった「X‐SUIT」という商品は、100％ウールなのですがストレッチ効果が施してあって、動きやすいんです。リラックスできると評判になりました。

――そんな湖中社長がお薦めの一冊は？

『現在窮乏、将来有望』という本です。全日本空輸の初代社長になられた美土路昌一《みどろますいち》さんについて書かれたものです。美土路さんは朝日新聞の記者として活躍して、役員も務めたのですが、戦後日本で民間航空が再開されたときに日本ヘリコプター輸送という会社を設立して社長になるんです。お金がなくてヘリ2機からのスタートですが。

私は機会重視主義というか、自分が社長になったときもそうですが、チャンスがあればそれを第一に考えて行動するのがいいなと思っています。美土路さんも、民間航空会社という夢を持っている人たちと、その夢を現実にするにはこのときしかないいんじゃないかと思って会社を立ち上げられたんですね。今こうしてなかなか先が読めない世の中ですが、勇気をもって進んでいくことの大切さが分かる、力を与えてもらえる本だなと感じました。

この本を手に取ったきっかけは、全日空のＯＢの方に紹介してもらったことでした。全日空の前身がヘリコプターの会社だということは知っていましたが、よくあの時期にこんな決断ができたなぁと。本当に共感して、もう3回も読んでしまいました。

政府から補助金を得るために、
政府の言いなりになるようなことは、
航空会社として絶対にしてはなりません。
（中略）
大手の銀行や企業によっても
支配されてはなりません。
そうなったら、航空会社の生命である公共性を
優先することができなくなってしまうからです。

早房長治『現在窮乏、将来有望』より

――どこが一番共感を覚えましたか？

会社として独立していなければならない、権威に屈してはならないと美土路さんがおっしゃっているのが、とても大切な考え方だと思いました。これが、民間の活力のある、生き残れる会社の条件ではないかと。また、航空会社ですから、国の恥になるようなことはするなともあります。これについても、私たちがこれから世界に向かって取り組んでいく中で、肝に銘じなければならない教えではないかと。

また、美土路さんが熱心に説かれた「和協」の精神にも感銘を受けました。みんなで力を合わせて仕事をして、経営者が先頭に立ってそれを引っ張る。これは本当に理想ですね。こうなりたいし、こうなれるようにがんばろうと思いました。どういう方向へ進んでいけばいいのか迷われている方は、ぜひ手にとって読んでみては。元気になれるし、自信を持てるようにもなるかもしれません。

以前は利益重視主義というか、お金をどう儲けるかという話が重視されていたけれども、企業の中にはやはりロマンが大切。新しい商品を開発するときのロマン、お客さんに商品を通じて伝えるロマン。そういったものを突き詰めていきたい。そんな原点を確認できました。

こなか・けんすけ　１９６０年生まれ。１９８２年に日本テーラー株式会社入社。２００５年に株式会社コナカ代表取締役社長に就任。

あとがきにかえて——被災地のために本ができること

２０１１年3月11日。

自然の驚異を見せつけた東北の大地震は、日本だけではなく、世界中をも揺るがすことになりました。深い悲しみが渦を巻き、あらゆる物事の価値観が変わってしまいました。

私たちは、いまだに困難のただ中にいます。

この震災以降、ゲストの方々が話す内容も震災についての思いが多くを占めるようになりました。

「今、自分たちにできることは何なのか」

「この体験から何を学び、これからどう進んでいくべきなのか」

みなさんの、正面から真剣に向き合う姿がとても印象的で、心が震えました。

「私にも何かできることはないだろうか？」同じことを考えていた担当のデスクと、すぐに動き出しました。そして、無我夢中で走り出したのが「被災地に本を届けようプロジェクト」。

これまでスミスの本棚に出演してくださったゲストの方に、被災地のみなさんへのメッセージを書き込んだ本を寄付していただきました。

　そして番組出演者や社内にも呼びかけた結果、たくさんの温かい気持ちが集まり、最終的にはダンボール20箱近くの本を、宮城県南三陸町の避難所や仮設住宅の方にお渡しすることができました。南三陸町は津波で町の大きな図書館が流されてしまい、新しく建てる話は進んでいますが、肝心の本がないという状況。「新しい図書館に、ぜひ置かせてもらいますよ」そう言って本を受け取ってくださったのは、佐藤仁町長でした。

　本を届けるということが、どれだけ必要とされていたのか、タイミングが適切だったのか、正直分かりません。「本なんて、まだそんな気分じゃない」という方もいらっしゃいました。生きるのに精一杯の状況ですから、当然の反応かもしれません。

　しかし、「夜寂しいときは、いつも読書ばかりしているんです」と笑顔で受け取ってくださったご家族。そして、手渡した一冊の本を抱え「その気持ちがうれしい」と涙を流してくださった女性との出会いもありました。私には想像できないくらい深い苦しみや悲しみ、やりきれない思いが、心の奥にしまわれているのです。

　今回の震災で、表現することに違和感を抱き、一時は活動そのものができなくなったというゲストの方も多くいらっしゃいました。しかし、その後みなさんは、自分のできることを自分のやり方で、発信し続けています。

傷ついた心を背負って、それでもたくましく生きている被災地のみなさんに、少しでも早く穏やかな日々が訪れることを、心よりお祈りしています。

最後に、この本の出版にあたりご協力いただきましたすべてのみなさまへ、この場を借りてあつく御礼申し上げます。

２０１１年８月

森本智子

本書で紹介した作品の一覧

1章　困難に挑む人へ

見城徹　『吉本隆明 全著作集 定本詩集』（勁草出版）、『吉本隆明詩全集5　定本詩集』（思潮社）
岩崎夏海　『ハックルベリイ・フィンの冒険』マーク・トウェイン、村岡花子訳（新潮文庫）
谷川俊太郎　『ちんろろきしし』元永定正（福音間書店）
片山晋呉　『宮本武蔵』吉川英治（講談社）
森田りえ子　『ほとけの履歴書 奈良の仏像と日本のこころ』籔内佐斗司（NHK 生活人新書）

2章　発想のヒントが知りたい人へ

小山薫堂　『小僧の神様』志賀直哉（新潮文庫ほか）
秋元康　『太陽の季節』石原慎太郎（新潮文庫ほか）
佐藤可士和　『トレードオフ』ケビン・メイニー（プレジデント社）
鈴木おさむ　『任天堂“驚き”を生む方程式』井上理（日本経済新聞出版社）
中川翔子　『懲戒の部屋』筒井康隆（新潮文庫）
酒巻久　『日出処の天子』山岸凉子（白泉社文庫）

3章　夢を追いかける人へ

野口聡一　『宇宙からの帰還』立花隆（中公文庫）
火坂雅志　『燃えよ剣』司馬遼太郎（新潮社）
大平貴之　『イノベーションのジレンマ』クレイトン・クリステンセン（翔泳社）
似鳥昭雄　『21 世紀のチェーンストア』渥美俊一（実務教育出版）
寺田和正　『情熱・熱意・執念の経営』永守重信（PHP 研究所）
池田弘　『論語と算盤』渋沢栄一（角川学芸出版）

4章　人生の転機にのぞむ人へ

迫本淳一　『決定力を鍛える』ガルリ・カスパロフ（NHK 出版）
武田双雲　『人間関係が「しんどい！」と思ったら読む本』心屋仁之助（中経出版）
池坊由紀　『わが子ケネディ』ローズ・F・ケネディ（徳間書店）
出井伸之　『シルクロードの水と緑はどこへ消えたか？』日高敏隆、中尾正義編（昭和堂）
大久保秀夫　『ビジョナリーカンパニー２飛躍の法則』ジェームズ・C・コリンズ（日経 BP 社）

5章　身近な人の幸せを大切にする人へ

西原理恵子　『地球の食卓』ピーター・メンツェル、フェイス・ダルージオ（TOTO 出版）
池森賢二　『脳梗塞はなる前に治せる！』金澤武道（健康ジャーナル社）
村石久二　『静かに 健やかに 遠くまで』城山三郎（新潮文庫）
青木擴憲　『論語の一言』田口佳史（光文社）
本上まなみ　『奥村晃作歌集　現代短歌文庫』（砂子屋書房）
小室等　『歳月』茨城のり子（花神社）

6章　心を見つめたい人へ

有馬頼底　『いい人ぶらずに生きてみよう』千玄室（集英社新書）
山下洋輔　『ネコはどうしてわがままか』日高敏隆（新潮文庫）
名越康文　『空海　人生の言葉』川辺秀美編訳（ディスカヴァー・トゥエンティワン）
鏡リュウジ　『ユング自伝』カール・グスタフ・ユング、アニエラ・ヤッフェ編（みすず書房）
中嶋常幸　『聖書を読んだサムライたち』守部喜雅（いのちのことば社フォレストブックス）

7章　希望を探している人へ

谷川賢作　『インナービューズ その内なる音楽世界を語る』キース・ジャレット（太田出版）
長田豊臣　『逝かない身体』川口有美子（医学書院）
米田幸正　『マイ・アメリカン・ジャーニー』コリン・L・パウエル（角川書店）
人山健太郎　『進化しすぎた脳』池谷裕二（講談社ブルーバックス）
湖中謙介　『現在窮乏、将来有望 評伝 全日空を創った男美土路昌一』早房長治（プレジデント社）

本書は2010年4月から2011年7月に放送されたWBS「スミスの本棚」をもとに書き下ろされたものです。

スミスの本棚

私の人生を変えたこの一冊

2011年9月26日　第1版第1刷発行

編著者　テレビ東京報道局　ワールドビジネスサテライト

発行者　瀬川弘司

発行所　日経BP社

発売所　日経BPマーケティング

〒108-8646　東京都港区白金1-17-3　NBFプラチナタワー

電話　03-6811-8650（編集）

03-6811-8200（営業）

http://ec.nikkeibp.co.jp/

装丁　渡邊民人（TYPEFACE）

本文デザイン　荒井雅美（TYPEFACE）

印刷・製本　図書印刷株式会社

ISBN 978-4-8222-4868-0